Joachim Kummer (Hg.)

Im Anfang das Wort

Impulse der Reformation

Agentur des Rauhen Hauses Hamburg

Inhalt

Zu diesem Buch

Nicht zufällig setzen alle Aufsätze dieses Buches beim Wort Gottes an. Das Wort Gottes jedoch nicht als Objekt verstanden, das sich vor dem Forum unserer Vernunft zu rechtfertigen hätte, inwieweit es heute noch zeitgemäß sei – sondern vielmehr das Wort Gottes als über den Zeiten stehende Ansage Gottes, der sich darin richtend und rettend an uns Menschen wendet.

Das Luther-Denkmal in Eisleben, enthüllt 1883 zum 400. Geburtstag des Reformators

Dementsprechend wird in der Reformation das Wort der Bibel als alleinige Richtschnur für Lehre und Leben über alle anderen Autoritäten gestellt. Zu welchen Entscheidungen und Verwicklungen dies geführt hat und was das für unsere Gegenwart bedeutet, davon handelt dieses Buch.

Beim Umgang mit Gottes Wort macht der Christenmensch zeitlebens eine doppelte Erfahrung: Er spürt die Anklage von Gottes Gebot, das ihn in die Erkenntnis seiner Schuld führt und unter Gottes Gericht stellt. Von daher erst wird die Relevanz des Evangeliums deutlich: Es spricht ihn los von seiner Schuld allein um Jesu Christi willen und befreit ihn zu einem neuen Leben mit Christus. Von dieser immer wieder neu geschenkten „Freiheit eines Christenmenschen“ und den sich daraus ergebenden Konsequenzen für das christliche Leben handelt der Beitrag von Christiane Kohler-Weiß (S. 16–27).

Die Reformation – das „Wieder-in-Form-Bringen“, die Erneuerung des Glaubenslebens – ist ein tägliches Geschehen am Christenmenschen. Gleiches gilt auch für Luthers Ringen um einen gnädigen Gott, für die Frage, die ihn bedrängt hat: Wie entgehe ich dem Strafgericht Gottes und erlange das Heil? Durch die von der Kirche verordnete Werkgerechtigkeit – oder durch die in der Schrift zugesagte Gerechtigkeit Christi? Dazu die Ausführungen von Markus Engelhardt (S. 28–39).

Die Reformation hat auf alle Lebensbereiche ausgestrahlt. So hat sie auch die Bilder als Mittel der Verkündigung in Gottesdienst und Alltag in Anspruch genommen und unseren Blick auf die Bilder neu justiert. Diesem Aspekt geht Veronika Bremer nach (S. 40–51).

Gott ist mir gnädig in seinem Sohn Jesus Christus und sucht meine Gemeinschaft im Gottesdienst. Gott spricht zur Gemeinde durch sein Wort, die Gemeinde antwortet in Gebet und Lobgesang. Eine Einführung in Bedeutung und Kennzeichen des evangelischen Gottesdienstes – in Singen und Sagen – gibt Ernst-Dietrich Egerer (S. 52–63).

Reformation bedeutet: den Glauben, der im Lauf der Jahrhunderte verdunkelt worden war, zu reinigen und die Kirche wieder zu den Ursprüngen des Evangeliums zurückzuführen. Reformation der Kirche durch die Heilige Schrift musste darin ihren Anfang nehmen, dass die Bibel in der Breite der Bevölkerung gelesen wurde. Denn das Evangelium ist Anrede Gottes, die immer wieder neu meditiert werden will. Die Reformation ist daher von Anfang an eine Bildungsbewegung. Dazu sei verwiesen auf die Perspektiven von Ulrich Bayer (S. 64–75).

Die Lutherrose, die der Reformator ab 1530 als Siegel für seinen Briefverkehr benutzte

Den Beiträgen vorangestellt ist ein knapper Überblick über Beginn und Ablauf der Reformation. Dabei sollen einzelne Gruppen, die für die Reformation von besonderer Bedeutung waren, kurz skizziert werden (S. 6–15).

Eine ausführliche Zeittafel zur Geschichte der Reformation schließt den Band ab.

Joachim Kummer

Seit dem 16. Jahrhundert pilgern die Menschen zur Lutherstube auf der Wartburg bei Eisenach. Dann aber, beginnend mit dem Wartburgfest 1817 und bis zum Ende der DDR, hat man den Reformator vor die unterschiedlichsten ideologischen Karren gespannt. Seit 1990 ist die Wartburg vor allem ein beliebtes touristisches Ziel mit facettenreicher Geschichte

An Haupt und Gliedern

von Joachim Kummer

Liebe Deutschen, kauft, weil der Markt vor der Tür ist, … gebraucht Gottes Gnade und Wort, weil es da ist. Denn das sollt ihr wissen: Gottes Wort und Gnade ist ein fahrender Platzregen, der nicht wieder kommt, wo er einmal gewesen ist.

Martin Luther, An die Ratsherren aller Städte deutschen Lands, 1524

- Die Papstkirche in der Krise
- Humanismus und Reformation
- Der lange Weg zum Westfälischen Frieden
- Herausforderungen heutiger Ökumene

Zu den augenfälligsten Verdunkelungen des Evangeliums im 16. Jahrhundert zählte der Ablasshandel. Am 31. Oktober 1517, so wird berichtet, schlug der Mönch und Theologieprofessor Martin Luther seine 95 Thesen gegen den Ablass an die Schlosskirche zu Wittenberg. Es war ein Aufruf zur Disputation, zur gelehrten Diskussion an Kollegen und Studenten – abgefasst in lateinischer Sprache.

Zur Zeit Luthers gab es in allen gesellschaftlichen Schichten ein hohes Maß an Reformbereitschaft gegen die Papstkirche

Einmal angestoßen, nahmen die Ereignisse ihren Lauf: Die Studenten übersetzten die Thesenreihe ins Deutsche und brachten sie zum Drucker. Die Reformation war also von Anfang an eine Bewegung, die die neuen Medien bewusst zum Einsatz brachte. So verbreitete sich Luthers Kritik am Ablasswesen in Windeseile dank der von Johannes Gutenberg erfundenen Technik des Buchdruckens mit beweglichen Lettern.

Das Augustinerkloster in Erfurt. Hier lebte Luther von 1505 bis 1512 als Mönch

Luther war nicht der Erste

Der Streit um den Ablass hatte begonnen. Sehr bald wurde deutlich: Es war ein Streit um die letzte Autorität – ist sie in Gottes Wort begründet oder liegt sie beim Papst? Freilich war Luther mit seinen Mitstreitern nicht der Erste, der sich gegen die Papstkirche wandte. Ein hohes Maß an Reformbereitschaft war in allen gesellschaftlichen Schichten zu finden. Vorreiter waren dabei die geistlichen Orden, vor allem die Benediktiner und Augustiner. Durch die Rückbesinnung auf ihre Ordensregeln und ursprünglichen Ideale kam es zu einer Verinnerlichung der Frömmigkeit *(Devotio moderna)*, von der auch der junge Luther geprägt werden sollte.

Die Kirche war kein einheitliches Gebilde. 1378 war die christliche Welt in zwei Lager zerfallen. Zwei Päpste forderten Gehorsam und schlossen einander samt den jeweiligen Anhängern vom Seelenheil aus. Das war eine unhaltbare Situation. Schließlich sollten Konzilien die verlorene Einheit wieder herstellen und eine „Reform der Kirche an Haupt und Gliedern“ einleiten. Auf dem Konzil zu Konstanz 1414–1418 wurden gleich drei zeitgleich amtierende Päpste zum Rücktritt gezwungen. So war der Weg frei für einen Neubeginn. Die Autorität der Konzilien war erstarkt. Die nachfolgenden Päpste suchten allerdings die Stellung des Papstamts gegenüber den Konzilien erneut zu festigen.

In Konstanz stand die Lehre des englischen Theologen John Wyclif zur Diskussion, die vor allem in Böhmen viele Anhänger gefunden hatte. Wyclif hatte die „Vulgata“, die lateinische Bibelübersetzung, in die Volkssprache übertragen und sie als „Gesetz Christi“ zur Norm für das christliche Leben erhoben. Seine Kritik am Reichtum der Kirche und am katholischen Abendmahlsverständnis war eine Herausforderung für die Kirche.

In Böhmen verschärfte sich die Situation insofern, als sich hier die Lehre Wyclifs mit nationalen Selbständigkeitsforderungen verband und quasi als Theologie der Böhmischen Nation angenommen wurde. Jan Hus, Rektor der Universität Prag, sollte seine Position auf dem Konzil zu Konstanz verantworten. Wyclifs Lehren wurden verurteilt, sein Anhänger Hus wurde der Ketzerei für schuldig befunden und verbrannt. Erst auf dem darauffolgenden Basler Konzil konnte mit den gemäßigten Hussiten 1433 eine Vereinbarung geschlossen werden. Auch Frankreich nutzte die Gunst der Stunde und erreichte größere Freiheiten gegenüber Rom. Diese „gallikanischen Freiheiten“ wurden schließlich 1516 in einem Konkordat verbrieft.

Der Feuertod des Jan Hus in Konstanz, Spiezer Chronik, 1485. Vor seiner Verbrennung soll Hus gesagt haben: „Heute bratet ihr eine Gans (tschechisch ‚Hus' bedeutet ‚Gans'), aber aus der Asche wird ein Schwan auferstehen.“ Später wurde dieser Satz auf Luther bezogen. Das Bildmotiv „Luther mit dem Schwan“ verbreitete sich kurz nach dem Tod des Reformators; zahlreiche lutherische Kirchtürme tragen anstelle eines Hahns einen Schwan

Das in viele verstreute Herrschaftsgebiete zerfallende Deutschland blieb von solchen Vergünstigungen ausgeschlossen. Es stöhnte unter der Last verschiedenster kirchlicher Steuern, was in diesen Jahren immer wieder zur Formulierung der „Beschwerden der deutschen Nation" *(Gravamina nationis germanicae)* führte. Luthers Widerspruch gegen den Ablass fiel daher auf bereiteten Boden.

Humanismus und Reformation

Eine wichtige Voraussetzung für die Reformation war der Humanismus, ein Zweig der Renaissance, die in Italien schon längst alle Künste und Wissenschaften befruchtete. *Ad fontes*, „zurück zu den Quellen", lautete die Losung der Humanisten. Die Texte antiker Schriftsteller traten ins Zentrum des Interesses. Voraussetzung ihres Studiums war die Kenntnis der alten Sprachen Griechisch und Hebräisch – Latein war zuvor schon Umgangssprache im universitären Betrieb. Luther konnte sein September-Testament 1521 auf der Wartburg nur übersetzen, weil Erasmus von Rotterdam, der Fürst der Humanisten, zuvor die Edition eines griechischen Neuen Testaments besorgt hatte.

Meine Lebensleistung bestand darin, dass ich ... die Theologen von ihren philosophischen Haarspaltereien zur Kenntnis des Neuen Testaments zurückgeführt habe.

Erasmus von Rotterdam in einem Brief an den Nürnberger Humanisten Willibald Pirckheimer

Spätestens 1525 kam es zum Bruch zwischen Humanismus und Reformation. In seiner Schrift „Über den freien Willen" hatte Erasmus die Freiheit des menschlichen Willens in Fragen des Heils betont. Luthers Entgegnung „Über den unfreien Willen" bestritt alle menschlichen Freiheiten in Fragen des Heils. In Gedankenschärfe und theologischer Tiefe sucht dieses

Erasmus-Denkmal in Rotterdam

Werk seinesgleichen. Bereits in der Heidelberger Disputation von 1518 hatte Luther die reformatorische Grundeinsicht über das Verhältnis zwischen Gott und Mensch klassisch formuliert.

Der begabteste Schüler unter den Humanisten, Philipp Melanchthon, wurde früh schon auf die Seite der Reformation gezogen. Als Inhaber des Lehrstuhls für Griechische Sprache an der Universität Wittenberg wurde er Luthers Kollege und wichtigster Mitarbeiter. Als „Lehrer Deutschlands" (*Praeceptor Germaniae*) verfasste er Studienbücher zu den verschiedensten Wissenschaften, die teilweise für viele Jahrzehnte den Maßstab setzten.

> Der **freie Wille** ist aufgrund der **Sünde** eine leere Worthülse; und wenn er das Seine tut, sündigt er tödlich.
>
> Martin Luther in der Heidelberger Disputation von 1518, These 13

Reformation in Stadt und Land

Ausgehend von Wittenberg und Zürich (Ulrich Zwingli) breitete sich die Reformation durch Lehrtätigkeit, Briefe und öffentliche Disputationen schnell aus.

Die Voraussetzungen für die Reformation waren in den Freien Reichsstädten Süddeutschlands besonders günstig. Bereits seit dem hohen Mittelalter waren in vielen Städten von Bürgern Predigerstellen gestiftet worden, die mit studierten Theologen besetzt wurden. Unter dem Einfluss evangelischer Predigt konnte der Rat der Stadt über die Hinwendung zur Reformation entscheiden. Äußere Zeichen waren die Einführung des Laienkelches und die Abschaffung des Zölibats. Im Zuge der verschiedenen Reformen wurde in der Regel eine Gemeindekasse („gemeiner Kasten") zur Unterstützung Bedürftiger eingerichtet und das als unproduktiv abgelehnte Bettelmönchswesen untersagt. Klöster wurden vielerorts in Schulen umgewandelt. Wo immer die Reformation Fuß fasste, wurden „Kirchenordnungen" erlassen, in denen man die Vorgaben für Gottesdienstablauf, Schulwesen, Armenfürsorge etc. festhielt. Visitationen, durchgeführt von Theologen und weltlichen Beamten, regelten bald Ablauf und Entwicklung der Reformen. Luther und Melanchthon verfassen hierfür 1528 den „Unterricht der Visitatoren".

Auf dem Land traf die reformatorische Bewegung auf eine in weiten Teilen nicht lesefähige Bevölkerungsschicht. Die evangelische Freiheitsbotschaft wurde entsprechend kurzschlüssig mit der Forderung sozialer Freiheitsrechte verquickt. Ausdruck davon wurden die „12 Artikel" der Bauernschaft von 1525. Es mag erstaunen, dass die Autoren gleich im ersten Artikel freie Pfarrwahl und reine Evangeliumsverkündigung einklagen. Es folgen Forderungen zur materiellen Entlastung und Aufhebung der Leibeigenschaft.

> Die evangelische Freiheitsbotschaft wurde mit der Forderung sozialer Freiheitsrechte verquickt

Luther, zum Schiedsrichter angerufen, konnte die ganz auf das Eigeninteresse konzentrierten Artikel zwar nicht loben, erkannte aber weitgehend die Billigkeit ihrer Forderungen an. Die Fürsten wurden aufgrund ihrer harten Haltung als die Schuldigen und die Bauernerhebungen als Strafe Gottes gedeutet. So mahnte Luther zum Nachgeben.

Inzwischen hatte sich Thomas Müntzer an die Spitze eines Haufens gestellt und predigte den Bauern die gewaltsame Herbeiführung des Reiches Gottes. Noch im April 1525 rief Luther in seiner Schrift „Ermahnung zum Frieden" beide Seiten zur Besonnenheit auf und empfahl die Einrichtung eines Schiedsgerichts. Doch der Aufruhr griff weiter um sich. Luther, der nun seine Hoffnung auf die Fürsten und Magistrate richtete, veröffentlichte seine Kampfschrift „Wider die räuberischen und mörderischen Rotten der Bauern". Gewonnen aus persönlichem Augenschein und gespeist aus Einschätzungen aus dem Umfeld der Mansfelder Grafen, die einen Gegenschlag vorbereiteten, hat ihm dieses und ein zweites gleichnamiges Pamphlet den Ruf des Fürstenknechts eingetragen. Im Mai 1525 wurden die Bauernheere bei Frankenhausen vom Fürstenheer aufgerieben, Müntzer gefangen gesetzt und hingerichtet.

Für die Landesherren wollte der Schritt, die Reformation in ihren Gebieten durchzuführen, gut überlegt sein,

Titelblatt einer Flugschrift mit den 12 Artikeln der Bauern, 1525

Handlung / Artickel / vnnd Instruction / so fürgenomen worden sein vonn allen Rottenn vnnd hauffen der Pauren / so sich zesamen verpflicht haben: M: D: XXV:

zumal Luther mit seinen Anhängern 1521 vom Papst aus der Kirche ausgeschlossen und noch im selben Jahr nach Reichstagsbeschluss mit der Reichsacht belegt, das heißt für „vogelfrei“ erklärt worden war. Die Landesherren, die dennoch die Reformation in Angriff nahmen, wurden „Notbischöfe“ in ihrem Herrschaftsgebiet („Landesherrliches Kirchenregiment“).

Schon aus sicherheitspolitischem Interesse drängte Landgraf Philipp von Hessen auf eine Vereinigung der reformatorischen Hauptströmungen. Das Marburger Religionsgespräch von 1529 markiert das Scheitern des Versuchs einer Einigung zwischen dem Wittenberger Luther und dem Zürcher Zwingli. Luther hielt an der leiblichen Gegenwart Christi im Abendmahl „mit, in und unter Brot und Wein“ fest, während Zwingli eine rein symbolische Deutung vertrat.

Die Türme der Augsburger evangelischen Ulrichskirche und der dahinterliegenden katholischen Stadtpfarrkirche St. Ulrich und Afra symbolisieren die konfessionelle Eintracht, die der Religionsfrieden herstellen sollte. Die evangelische Kirche entstand aus der Vorhalle der mächtigen katholischen Basilika

Der lange Weg zum Frieden

Die Umsetzung des Wormser Edikts von 1521, also die gewaltsame Rekatholisierung der verlorenen Gebiete, wurde von Kaiser Karl V. zwar immer wieder angestrebt. Aufgrund ständiger kriegerischer Auseinandersetzungen, vor allem mit Frankreich, dem Papst und den Türken, war der Kaiser jedoch regelmäßig auf militärische Unterstützung durch die evangelischen Stände angewiesen. Erst nach Luthers Tod 1546 sollte es zum „Schmalkaldischen Krieg“ kommen, der schließlich 1555 in den Augsburger Religionsfrieden mündete. Hier einigte man sich auf die Formel *Cuius regio, eius religio*, das heißt: Der Landesherr legt die Religion seines Territoriums fest und bestimmt damit über den Glauben seiner Untertanen. Immerhin wurde Andersgläubigen und ihren Familien das *Ius emigrandi*, der Wegzug mit Hab und Gut, freigestellt. Die geistlichen Gebiete stellte man unter „geistlichen Vorbehalt“: Wechselte etwa ein reformwilliger Bischof die Konfession und schloss sich der Reformation an, musste er seine weltliche Herrschaft aufgeben und ein neuer römisch-katholischer Territorialherr war einzusetzen.

So begegneten sich dort in täglichem Zusammensein ... die Angehörigen der verschiedenen Teile der Einen christlichen Kirche. Wilde protestantische Katholikenfresser entdeckten mit Verwunderung die Innigkeit katholischer Christusfrömmigkeit und den möglichen Ernst eines Rosenkranzgebetes, und der Katholik bekam oft zum ersten Male eine Anschauung von der Kraft eines persönlich dem Heiland übergebenen Lebens und von dem Reichtum eines lebendigen Umgangs mit der Bibel. ... So schloss sich die Gemeinschaft der Anrufung des gleichen Herrn ... unerwartet und unwiderstehlich zusammen, ohne dass und bevor man sich darüber eine theologische Theorie bilden konnte.

Helmut Gollwitzer in seinem Bericht über die russische Kriegsgefangenschaft

Das letzte Reichsreligionsgespräch in Worms wurde 1557 abgebrochen, weil die lutherischen Theologen nicht mehr mit einer Stimme sprachen. Die Lehrstreitigkeiten zwischen den Parteigängern Melanchthons (Philippisten) und den „echten" Lutheranern (Gnesiolutheraner) wurden schließlich 1577 durch die Konkordienformel beigelegt. Inzwischen war der Calvinismus als dritte Kraft in Deutschland erstarkt, dessen reichsrechtliche Gleichstellung mit Katholizismus und Luthertum schließlich 1648 – nach dem Dreißigjährigen Krieg, der als Religionskrieg begonnen hatte – im Westfälischen Frieden formuliert wurde.

Evangelisch? Katholisch? Christlich!

Erst mit der Vertreibung und Umsiedlung vieler Deutscher nach dem Zweiten Weltkrieg löste sich die konfessionell einheitliche Bevölkerungsstruktur in weiten Teilen Deutschlands auf. Eine gewisse ökumenische Öffnung brachte das Zweite Vatikanische Konzil (1962–1965) mit sich. Seither werden auf verschiedenen Ebenen verstärkt ökumenische Gespräche geführt und Vereinbarungen getroffen. Besondere Aufmerksamkeit, allerdings auch viel Widerspruch seitens der evangelischen Fakultä-

Viele Christen wünschen sich heute konfessionsübergreifend eine gegenseitige Einladung zum Abendmahl

ten hat 1999 die „Gemeinsame Erklärung“ zur Rechtfertigung erfahren. Römisch-katholischerseits wurde im Jahr 2000 das eigene Kirchenverständnis in der Erklärung „Dominus Iesus“ bekräftigt. Hier, wie in der Frage des Amtsverständnisses, liegen momentan die besonderen Herausforderungen des ökumenischen Miteinanders. In diesem Zusammenhang ist auch die in einer breiteren Öffentlichkeit virulente Frage nach dem gemeinsamen Abendmahl zu sehen.

Einfluss und Relevanz des Christentums in der Gesellschaft sind im Europa des beginnenden 21. Jahrhunderts auf dem Rückzug. Die beiden großen christlichen Konfessionen sind gleichermaßen davon betroffen: Traditionsverfall, Mitgliederschwund, Geburten- und Taufrückgang, Leerstände, Umwidmungen und Rückbau von Kirchen und Gemeindehäusern sind an der Tagesordnung. Angesichts fortschreitender Säkularisierung ist nach außen ein gemeinsames Eintreten der Konfessionen für die Grundlagen christlicher Ethik dringend geboten. Nach innen aber ist die Kirche Jesu Christi an das zu erinnern, was zu allen Zeiten zum Leben und zur Reformation der Kirche geführt hat – die Orientierung und Neuausrichtung an Gottes Wort. Mit den Worten Martin Luthers: „Denn Gottes Wort kann nicht ohne Gottes Volk sein, wiederum Gottes Volk nicht ohne Gottes Wort sein kann.“

Ob Bibelkreis oder Pilgerreise – viele Wege führen zum Ziel. Was gestern noch als ausgesprochen evangelisch oder katholisch galt, ist heute schlicht christlich

Die Freiheit des Christenmenschen bringt es für Martin Luther mit sich, dass Glaube und Gotteswort höher stehen als alle Autoritäten auf Erden. Seine Widerständigkeit gegen die Obrigkeit, die seinerzeit Furcht und Entsetzen auslöste, gilt bis heute als vorbildlich. „Luther verbrennt die Bannandrohungsbulle“ (vor dem Elstertor in Wittenberg, 10. Dezember 1520), Gemälde von Paul Thumann, 1872

Freiheit und Verantwortung

von Christiane Kohler-Weiß

> Ein Christenmensch ist ein freier Herr über alle Dinge und niemandem untertan. Ein Christenmensch ist ein dienstbarer Knecht aller Dinge und jedermann untertan.
>
> Martin Luther, Von der Freiheit eines Christenmenschen, 1520

- Herr und Knecht zugleich
- Der innere und der äußere Mensch
- „Du musst funktionieren"
- Ethik des Genug

Gleich am Anfang von Luthers Schrift „Von der Freiheit eines Christenmenschen" stehen die zwei auf der vorigen Seite zitierten, seltsam paradox erscheinenden Ausgangsthesen. Unbefangene Leserinnen und Leser werden davon zunächst einmal in Verwirrung gestürzt. Ja, was denn nun? Man kann doch nicht zugleich Herr und Knecht sein, Herrin und Magd! Man kann ja auch nicht Chefin und Angestellte zugleich sein. Entweder man kann selbst bestimmen, was man zu tun hat, oder man muss gehorchen.

Herr und Diener zugleich – Jesus macht es vor und stiftet damit sichtliche Verwirrung. Duccio di Buoninsegna, „Die Fußwaschung" (Ausschnitt), um 1308/11, Dom zu Siena

Auch Martin Luther weiß, dass diese Thesen sich auf den ersten Blick widersprechen. Er spricht von den „beiden widerständigen Reden" und bemerkt, dass auch in der Heiligen Schrift, insbesondere bei Paulus, Sätze über den Menschen stehen, die „stracks widereinander sind". Diese Paradoxie in der Bibel und in seinem eigenen Denken erklärt Luther, indem er in Erinnerung ruft, was die meisten Menschen ohnehin schon häufig erfahren haben: dass es nämlich in jedem Menschen ein „Innen" und ein „Außen" gibt.

Den „inwendigen Menschen" bezeichnet Luther auch als „geistlichen Menschen". Im Inneren ist die Seele angesiedelt, aber auch das Herz. An einer Stelle nennt Luther den inneren Menschen sogar „Person". Gedanken, Zweifel, Ängste, Sorgen, Gefühle, Sehnsüchte, Hoffnungen, Überzeugungen – all das macht den inneren Menschen aus.

Zum äußerlichen Menschen gehört seine Leiblichkeit, sein ganzes Leben auf Erden bis zum Tod. Fleisch und Blut, Handlungen und Werke, Besitz und soziale Strukturen, Genüsse und Lüste, Arbeit und die Beziehungen zu anderen Menschen – all das bestimmt den Menschen äußerlich.

Nun ist es aber nicht so, dass Luther seine beiden Thesen auf den inneren und den äußeren Menschen aufgeteilt hätte, sodass der innere Mensch „ein freier Herr" und der äußere Mensch „ein dienstbarer Knecht" wäre. Nein, sowohl der innere als auch der äußere Mensch können frei oder unfrei sein.

Frei und unfrei

Die äußere Unfreiheit reicht von der Leibeigenschaft, Gefangenschaft und Unterdrückung bis hin zu Krankheit und materiellem Mangel. Auch wer sich nichts leisten oder die Bedürfnisse des Leibes nicht befriedigen kann, ist äußerlich kein freier Mensch. Das leuchtet in unserer Konsumgesellschaft, in der Freiheit vor allem als Kaufkraft verstanden wird, unmittelbar ein.

Innere Unfreiheit, das bedeutet damals wie heute: Die Seele kommt nie zur Ruhe

Einen äußerlich freien Menschen hingegen beschreibt Luther als jemanden, dessen „Leib ungefangen, frisch und gesund ist, isst, trinkt, lebt, wie er will". Eine so weitgehende äußere Freiheit, wie wir sie heute kennen, konnte sich Luther zum einen noch nicht vorstellen, zum anderen strebte er die Freiheit im politischen Sinne auch nicht an.

Die Formen innerer Unfreiheit, die Luther beschreibt, sind unseren Erfahrungen ganz ähnlich: Wenn die Seele nie zur Ruhe kommt. Wenn ein Mensch gefangen ist in seinen Sorgen und Ängsten. Wenn der Lebenshunger so groß ist, dass er nie genug hat. Wenn ein Mensch falschen Lehren anhängt, die ihn klein machen. Die Unfähigkeit zur Freude, Undankbarkeit, krampfhafte Selbstbezogenheit, das Gefühl, nie zu genügen, die Erfahrung ständiger Überforderung – all das sind Formen innerer Unfreiheit. Und die innere Unfreiheit bringt Luther zufolge unweigerlich Ungerechtigkeit und Bosheit mit sich.

Die Ursachen der Unfreiheit sind in unserer Welt andere als zu Zeiten Luthers, ihre Folgen aber erstaunlich ähnlich

Kein Weg von außen nach innen

Aber wie kommt man aus dieser inneren Unfreiheit heraus? Diese Frage trieb Martin Luther lange Zeit um. In seiner Zeit als Mönch versuchte er durch Fasten und Beten, Wallfahrten, gute Werke und das Halten der Gebote Frieden in seiner Seele zu finden. Aber das gelang ihm nicht. In der Freiheitsschrift spiegelt sich Luthers Erfahrung wider, dass all diese Versuche nicht tief genug reichen. Dies brachte ihn zu der Erkenntnis, dass es keinen Weg von außen nach innen gibt, wenn es um den Frieden und die Freiheit der Seele geht. „Von diesen Dingen reicht keines bis an die Seele, um sie zu befreien oder zu fangen."

Als Mönch versuchte auch Luther, durch Fleiß und Zucht vor Gott gerecht zu sein. „Luther in seinen ihm von Staupitz übertragenen Geschäften als Generalvicar des Augustiner-Ordens" (1516) in einer kolorierten Radierung von 1847

Ganz egal, in welch bedrängenden oder freien Lebensumständen der Mensch lebt, seine Seele bleibt davon unberührt. Ganz egal was der Mensch tut oder lässt – für seine innere Freiheit kann er nicht selbst sorgen. Wenn er das versucht, werden ihm auch vermeintlich innere religiöse Tätigkeiten wie das Beten, Pilgern, Meditieren oder Fasten nicht weiterhelfen, sondern äußerliche Anstrengungen bleiben.

Es ist ein Teufelskreislauf, der immer tiefer ins Verderben führt und den nur einer durchbrechen kann: Jesus Christus. Nur sein tröstendes und aufbauendes Wort kann den Menschen innerlich frei machen. Nur das Wort Gottes reicht tief genug. In diesem göttlichen Wort, so Luther, hat die Seele „Genüge, Speise, Freude, Friede, Licht, Kunst, Gerechtigkeit, Wahrheit, Weisheit, Freiheit, und alles Gute überschwenglich". Eine Seele, die vom Wort Gottes berührt wurde und die diesem Wort Vertrauen schenkt, also glaubt, ist Luther zufolge auch fromm, tugendhaft, heilig, gerecht, wahrhaftig und zur Liebe fähig. Ein durch den Glauben innerlich frei gewordener Mensch ist wie neu geboren oder besser „von neuem geschaffen".

Die klare Unterscheidung, die Luther zwischen dem äußeren und dem inneren Menschen trifft, hat Bedeutung bis heute. Sie macht verständlich, warum sich so viele Menschen unfrei und innerlich zerrissen fühlen, obwohl wir uns in den letzten Jahrzehnten von immer mehr äußeren Zwängen, Normen und einengenden Bindungen befreit haben. Es ist vielmehr so, dass durch ein Übermaß an äußeren Freiheiten neue Zwänge entstehen: der Zwang zur individuellen Entscheidung, zur Selbstverantwortung, der Zwang, etwas aus sich zu machen.

Zahlreiche Menschen suchen den Frieden in ihrer Seele, indem sie gesund und in einer guten „Work-Life-Balance" leben, sich fit halten oder Auszeiten nehmen, Meditationsseminare besuchen, pilgern oder sich auf dem religiösen Markt eine eigene Religiosität zusammenstellen, die genau auf ihre individuellen Bedürfnisse passt. Martin Luther würde in diesen Versuchen vermutlich die moderne Entsprechung zu den Geschäften mit der Seele in seiner Zeit sehen, vor allem zum Ablasshandel. Wenn der Mensch nicht schon den Glauben an Jesus Christus hat, können auch solche inneren Suchbewegungen der Seele keinen Frieden schenken.

Martin Luther hat die Begegnung mit dem Wort Gottes als Befreiung „von allen Sünden, Gesetzen und Geboten" erlebt, die ihn zuvor in die Verzweiflung getrieben hatten. Er wusste zwar immer, dass die biblischen Gebote den Willen Gottes zum Ausdruck bringen und zum

Damit du aber aus dir und von dir,
das heißt: aus deinem Verderben,
herauskommen möchtest,
deshalb setzt er dir
seinen lieben Sohn Jesus Christus vor
und lässt dir durch sein lebendiges
und tröstliches Wort sagen:
Du sollst dich in ihn
mit festem Glauben ergeben
und frisch auf ihn vertrauen.
Dann sollen dir
um dieses Glaubens willen
alle deine Sünden vergeben,
soll all dein Verderben überwunden sein,
und du sollst gerecht,
wahrhaftig, befriedet, fromm
und alle Gebote sollen erfüllt sein,
du sollst von allen Dingen frei sein.

Martin Luther, Freiheitsschrift

Wohle der Menschen gedacht sind – er erfuhr sie aber als übermenschliche Forderungen. Immer wieder führten sie ihm nur sein Unvermögen und Versagen vor Augen, sodass er sich selbst verdammte. Fröhlich und getröstet wurde Luther erst, als er verstand, was Jesus Christus jedem Menschen persönlich, also auch ihm selbst (!) „gebracht und gegeben hat".

Der Glaube als Brautring

Den Gewinn des Glaubens beschreibt Luther mit seiner reichen Bildersprache: Der Glaube sei wie ein Brautring bei der Eheschließung zwischen einer Braut (der menschlichen Seele) und ihrem Bräutigam (Jesus Christus). Durch diesen Bund begründen die Eheleute eine Lebens-, Güter-, Leidens- und Glücksgemeinschaft: Was die Seele an Schulden und Lasten mitbringt, macht sich Christus zu eigen und kommt dafür auf. Was Christus an Gütern und Seligkeit mit in die Ehe bringt, kann nun die Seele genießen.

So kommt es, dass die Seele durch den Glauben „ein wahrhaftiges Kind Gottes" wird und darüber hinaus König, also „geistlich ein Herr aller Dinge", und Priester, also würdig, „vor Gott zu treten und für andere zu bitten". Das bedeutet: Vor aller Forderung und Leistung, vor allem Handeln und Dienen, vor aller Verantwortung und lange bevor der Mensch etwas aus sich macht, ist er schon jemand

Im Gegensatz zur jahrhundertealten Kirchentradition konnte Luther aus erster Hand von den Freuden des Ehe- und Familienlebens berichten. So idyllisch hat man es sich im 19. Jahrhundert ausgemalt. „Luthers Sommerfreuden im Kreise seiner Familie und seiner Tischgenossen", Radierung von Gustav König, 1847

– nämlich ein Mensch, von dem die Bibel und Martin Luther in den höchsten Tönen sprechen.

Ich glaube nicht, dass die Verzweiflung, die Martin Luther angesichts der Gebote Gottes verspürte, den Menschen heute fremd ist. Auch wenn es für die meisten Menschen nicht darum geht, vor Gott, sondern „nur“ vor der Welt zu bestehen, sind die Forderungen unserer Zeit nicht gnädiger und nicht weniger übermenschlich.

Wie viele Menschen gehen zu Bett mit der Angst, den Anforderungen des Lebens auf Dauer nicht gewachsen zu sein. Wie viele werden von inneren Antreibern um den Schlaf gebracht. Wie viele Menschen erwachen täglich mit dem Gedanken: „Du musst“. Und es reicht nie: die Zeit nicht, die Leistung nicht, der Gewinn nicht, die Kraft nicht.

Der Mensch der Neuzeit verwendet unendlich viel Lebensenergie darauf, den Ansprüchen zu genügen, die an ihn gestellt werden – oder die er an sich selbst stellt

All diesen Menschen, die sich so verzweifelt darum bemühen, etwas aus sich zu machen, würde Luther heute vielleicht zurufen: „Halt! Hör auf, immer noch mehr zu wollen. Du musst nicht weiter funktionieren. In deinem Inneren entscheidet sich, ob du frei oder unfrei bist. Lass dich beschenken durch die Begegnung mit Christus, durch die Entdeckung, wer du bist: ein Kind Gottes und freier Herr über alle Dinge!“

Wege von innen nach außen

Die Befreiung durch den Glauben hat vielfältige Auswirkungen auf das ganze Leben. Es führt nach Luthers Auffassung zwar kein Weg von außen nach innen, aber es führen viele Wege von innen nach außen.

> Wer in der Seele frei ist, kann auch mit äußeren Zwängen anders umgehen

Wer in seiner Seele frei ist, der kann auch mit äußeren Zwängen anders umgehen als zuvor. Schlechte Erfahrungen, leibliche Unterdrückung, Ungerechtigkeit, Bösartigkeiten, Krankheiten und zuletzt der Tod bleiben ja auch den Christenmenschen nicht erspart. Aber sie können diese Leiden in der Gewissheit ertragen, dass ihnen letztlich alles

Den innerlich freien Menschen kann nichts und niemand zum Opfer machen

Auch der freie Christenmensch ist nicht immun gegen Hadern und Verzweiflung, aber ihm ist eine Weite der Seele gegeben, die ihn vor innerer Verhärtung schützt

zum Besten dienen wird. Dass ein Christenmensch ein „freier Herr über alle Dinge" ist, bedeutet auch, dass nichts seiner Seele Schaden zufügen kann: „Ja, es muss ihm alles untertan sein und zur Seligkeit helfen." Wer hingegen in seiner Seele nicht frei ist, „dem dient kein Ding zugute; er ist ein Knecht aller Dinge, muss sich an allen Dingen ärgern".

Innerlich freie Menschen zeichnen sich durch eine große Souveränität im Umgang mit leidvollen Erfahrungen aus. Nichts und niemand kann sie in der Tiefe kränken. Nichts und niemand kann sie zum Opfer machen. Nichts und niemand kann ihnen die Würde freier Herren und geistlicher Königinnen nehmen. Sie sind und bleiben das Subjekt ihres Lebens, denn in ihnen lebt Christus, dem „alle Dinge unterworfen (sind) im Himmel, auf Erden und in der Hölle". Gerade für Menschen, die in ihrem Leben viel erleiden mussten und sich selbst nur noch als Opfer anderer Menschen oder schwieriger Lebensumstände sehen, ist dieses Verständnis der christlichen Freiheit von unschätzbarem Wert.

Achtzehn von dreißig Abschnitten widmet Luther der ersten seiner beiden Thesen. Erst dann kommt er auf die zweite These zurück. Luther meint: Wenn die Christenmenschen ausschließlich innerliche Menschen wären, bräuchte es die zweite These nicht. Aber auf Erden lebt der Mensch eben auch äußerlich, und das bedeutet, dass er sich mit seinem Leib und mit den anderen Menschen auseinandersetzen muss. Das innere, geistliche Leben „ist und bleibt auf Erden nur ein Anfangen und Zunehmen, das in jener Welt vollbracht wird." Auch das ist ein tröstlicher Satz.

Um des eigenen Leibes willen und um der Nächsten willen sind Formen der Glaubenspraxis und gute Werke nötig. Hier bekommen auch die Gebote Gottes wieder eine Bedeutung. Luther hatte überhaupt nichts einzuwenden gegen geistliche Übungen und hilfreiche Taten für andere – aber als Ausdruck des Glaubens, nicht als Weg zum Glauben.

Leben in „voller Genüge“

Christliche Freiheit heißt immer auch: befreit sein zum Dienst am Nächsten

Luthers Freiheitsschrift proklamiert nicht nur die Freiheit *von* den Geboten, sondern zugleich die Freiheit *zum* Dienst am Nächsten. Beides ist in seiner Doppelthese untrennbar miteinander verbunden. Die zweite These bedeutet für Luther vor allem, dass im Leben eines Christen „alle Werke dem Nächsten zugute ausgerichtet sein sollen“. Gerade weil es für innerlich befreite Menschen im äußeren Leben nicht mehr darum gehen muss, etwas aus sich zu machen, etwas Bleibendes zu schaffen oder dem eigenen Leben einen Wert zu verleihen, können sich Christen ganz daran orientieren, „was den anderen nötig ist“. In einem wahren Christenleben, so Luther, gehe der Glaube „mit Lust und Liebe ans Werk“.

Der erste Schritt zum Dienst am Nächsten ist das Hinsehen. Wir müssen nicht weit reisen, um auf Not und Bedürftigkeit zu stoßen

Schon zu seinen Lebzeiten gewann Luther aber immer wieder den Eindruck, dass die Menschen die Botschaft der Freiheit von den Forderungen der Kirche gerne übernahmen, aber die Freiheit zum Dienst am Nächsten nicht in gleicher Weise mit Leben füllten. Er litt darunter, wenn die christliche Freiheit als Vorwand für Müßiggang und übles Verhalten missbraucht wurde. Luther selbst war – manchmal zum Leidwesen seiner Frau, der er seine Finanzen anvertraut hatte – sein Leben lang ein großer und fröhlicher Geber. Vermutlich würde Luther heute auch an uns leiden. Einzelne Christinnen und Christen stellen ihr Leben voll und ganz in den Dienst am Nächsten, aber den meisten fällt das schwer.

Wenn es Christenmenschen gelingt, „ein Knecht aller Dinge und jedermann untertan“ zu sein, dann wohl aufgrund einer Erfahrung von unermesslicher Fülle und eines „überschwenglichen Reichtums“. Bemerkenswert oft verwendet Luther Wörter wie „Genüge(n)“, „genügend“, „genug“, „voll aller Güte(r)“, „reich“, „Reichtum“, „satt“, „überschüttet“, „Überfluss“. Das Gefühl der Befreiung durch Christus verband sich bei Luther offenbar

Wer mit Traurigkeit, Verzweiflung oder anderem Herzeleid geplagt wird und einen Wurm im Gewissen hat, derselbe halte sich ernstlich an den Trost des göttlichen Wortes, danach so esse und trinke er und trachte nach Gesellschaft und Gespräch gottseliger und christlicher Leute, so wird's besser mit ihm werden.

Martin Luther, aus „Tischreden oder Colloquia", 1566

Selbstkasteiung gehört nicht zu Luthers Glaubensauffassung. Seine Empfehlungen im Falle der Anfechtung umfassen – gleich nach dem Gotteswort – Essen, Trinken und Geselligkeit mit Menschen, die uns guttun

mit dem Lebensgefühl „voller Genüge". Und aus dieser Erfahrung heraus konnte er gar nicht anders, als Gott dankbar sein und von dem Überfluss weitergeben, in dem er lebte. Es war kein materieller Überfluss, sondern die innere Erfahrung eines Menschen, dem es an nichts fehlte.

Den meisten Menschen heute scheint es eigentlich immer an irgendetwas zu fehlen. Deshalb sind sie nicht frei zum Geben und Dienen, sondern ängstlich darauf bedacht, selbst nicht zu kurz zu kommen. Das subjektive Gefühl des Mangels versperrt den Weg von der Freiheit in Christus zu freudig gelebter Verantwortung für andere. Denn die Brücke zwischen den beiden Thesen ist die Dankbarkeit für alles, was im eigenen Leben von Christus geschenkt wurde, für den „vollen Reichtum aller Frommheit und Seligkeit" und die „überschwenglichen Güter", mit denen der Vater uns „überschüttet".

Ethik des Genug

Luther legt in seiner Freiheitsschrift die Grundlagen für eine „Ethik und Ökonomie des Genug", die viele Kirchen unserer Zeit für eine Chance halten, sowohl der Klimakatastrophe als auch der zunehmenden Ungerechtigkeit zwischen Reich und Arm etwas entgegenzusetzen. Diese „Ethik des Genug" hat zwei Stoßrichtungen, die sich gut mit Luthers Unterscheidung von außen und innen verbinden lassen: Sie setzt sich zum einen dafür ein, dass jeder Mensch genug für sein leibliches Leben hat. Unsere guten Werke sollen sich darauf richten, dass unser Nächster (und das ist in einer globalisierten Welt jeder Mensch!) alles hat, was ihm zum Leben und zum Wohlergehen seines Leibes nötig ist.

Die andere Seite der „Ethik des Genug“ richtet sich auf uns selbst. Wir Christen in den reichen Ländern der Erde leben sowohl inwendig als auch äußerlich in „voller Genüge“ und umfassendem Wohlstand. Je deutlicher uns dies bewusst ist, je stärker wir das erfahren und spüren, desto mehr ergibt sich daraus eine freie und fröhliche Selbstbegrenzung im Hinblick auf Reichtum und Konsum. Ein gutes Leben ist aus christlicher Sicht ein dankbares Leben, das durch die Erfahrung „voller Genüge“ frei wird, jedermann untertan zu sein.

Diese von Luther inspirierte christliche Ethik folgt einer Art „Überflussregel“, bei der Gottes Güter aus Christus in uns fließen und aus uns in unsere Nächsten – wie bei einem Brunnen mit mehreren Schalen.

Martin Luther ist nicht nur der Prediger des allgemeinen Priestertums aller Glaubenden, sondern auch der Prediger des allgemeinen Diakonissen- und Diakonentums aller Christenmenschen. Vielleicht gilt es diese Predigt nach 500 Jahren Reformation wieder neu zu hören und zu leben.

Es braucht nicht viel, um sich gut und geborgen zu fühlen. Wer vom Überfluss umstellt ist, lebt am besten nach der Devise: weniger ist mehr

Was sollen dir deine Güter und guten Werke, die dir überlassen sind, um deinen **Leib** zu regieren und zu versorgen, wenn du doch genug hast am **Glauben**, in dem dir Gott alle Dinge gegeben hat? Sieh, so **müssen Gottes Güter aus einem in den anderen fließen und allgemein werden**, damit jeder sich seines Nächsten so annimmt, als wäre er es selbst.
Aus **Christus** fließen sie in uns; der hat sich unser in seinem Leben angenommen, als wäre er das gewesen, was wir sind. **Aus uns sollen sie in die fließen, die ihrer bedürfen** ... Sieh, das ist die Natur der **Liebe**, wo sie wahrhaftig ist. Da ist sie aber wahrhaftig, wo der Glaube wahrhaftig ist.

Martin Luthers „Überflussregel“
aus der Freiheitsschrift

Evangelische Dorfkirche in Baabe auf der Halbinsel Mönchgut im Südosten Rügens, erbaut 1929/30. Der Entwurf stammt vom Berliner Architekten Erhard Schmidt, der jahrelang Kurgast in Baabe gewesen war. Der neue Glaube der Reformatoren benötigt keinen repräsentativen Kirchenraum: Sola scriptura *und* solus Christus *– Altarbibel und Kruzifix genügen*

Der neue Glaube

von Markus Engelhardt

... als wäre ich durch die geöffneten Pforten
ins Paradies selbst eingetreten.

Martin Luther, aus der Vorrede zum 1. Band der
Gesamtausgabe seiner lateinischen Werke, 1545

- Der Mensch als Macher
- Wer ist „gerecht"?
- Glauben heißt: Ja sagen
- Sich beschenken lassen

Aber weh! Es wandelt in Nacht, es wohnt, wie im Orkus
Ohne Göttliches unser Geschlecht. Ans eigene Treiben
Sind sie geschmiedet allein, und sich in der tosenden Werkstatt
Höret jeglicher nur und viel arbeiten die Wilden
Mit gewaltigem Arm, rastlos, doch immer und immer
Unfruchtbar, wie die Furien, bleibt die Mühe der Armen.

Friedrich Hölderlin, aus dem Hymnus „Archipelagus"

Auf den ersten Blick klingen diese Hölderlin-Verse für uns Heutige fremd. Aber je mehr ich sie auf mich wirken lasse, desto stärker finde ich in ihnen ein eindrucksvolles Kontrastprogramm zu dem, was Martin Luther und die Reformatoren als „Rechtfertigung des Sünders" entdeckt haben. Was Hölderlin hier unternimmt, ist die treffende Schilderung des modernen Menschen, der glaubt, alles machen zu können. Es ist das Bild des Homo faber, der ganz auf sich bezogen bleibt, sich ständig überfordert und sich auf Schritt und Tritt unter Rechtfertigungsdruck setzt. Dabei verfehlt er sich selbst. Er verfehlt Gott, und er verfehlt auch, was Kirche ist. Er verdreht und verkehrt alles.

Er will Gott nicht Gott sein lassen, weil er selbst der Retter seines Lebens und der Welt sein möchte. Er will sich und seine Mitmenschen nicht Mensch sein lassen, weil er sich und andere ständig unter Druck setzt, das Beste aus dem Leben herauszuholen. Er will die Kirche nicht Kirche des Evangeliums sein lassen, sondern macht sie zur Moralagentur.

So wird alles auf den Kopf gestellt. Es geht nicht nur um einige Versäumnisse und moralische Defizite. Alles ist aus den Fugen geraten.

Der „frühe" Luther als Homo faber

Martin Luther hat dieses Elend am eigenen Leib erfahren – „rastlos, doch immer und immer unfruchtbar, wie die Furien bleibt die Mühe der Armen": In den Jahren als Augustiner-Eremit im Kloster übte er selbstquälerisch Askese. Er wollte es Gott recht machen und sich vor Gott ins rechte Licht setzen. Er stand unter einem ungeheuren Rechtfertigungsdruck. Alles verfinsterte sich ihm darüber. Er schrie nach einem ihm gnädigen Gott. Lieber sollte es gar keinen Gott geben als einen stummen oder einen, vor dem man sich so vergeblich zu rechtfertigen versucht. „Gerechtigkeit Gottes" konnte sich Luther nur nach irdischen Maßstäben vorstellen. So blieb für ihn am Ende nur Hass auf Gott und Selbsthass wegen der eigenen Unzulänglichkeit.

Ich aber liebte den gerechten Gott nicht, ja ich **hasste ihn**; denn ich fühlte mich vor Gott als Sünder mit einem ganz und gar ruhelosen Gewissen und **konnte das Vertrauen nicht aufbringen**, er sei durch meine Genugtuung versöhnt.

Martin Luther

„Luther in seiner körperlichen und geistigen Selbstquälerei" (im Augustinerkloster zu Erfurt). Radierung von Gustav König, 1847. Geißel, Totenschädel, Dornen und Passionsblumen illustrieren den Wahn von Leiden und Selbstzerstörung, der Luther zur Verzweiflung trieb

Ich schäme mich des Evangeliums nicht,
denn es ist eine Kraft Gottes,
die selig macht alle, die daran glauben ...
Denn darin wird offenbar die
Gerechtigkeit, die **vor Gott gilt,**
welche kommt **aus Glauben
in Glauben**; wie geschrieben steht:
„Der Gerechte wird aus Glauben leben."

Römer 1,16.17

In dieser seelisch desaströsen Lage macht Luther dann – vermutlich im Jahr 1517 – die große, grundstürzende Entdeckung seines Lebens. Obwohl er längst Professor für biblische Wissenschaften ist, liest er zum wiederholten Mal den Römerbrief – so intensiv, als hätte er ihn noch nie studiert. Wieder und wieder brütet er über der für ihn dunklen Stelle im 1. Kapitel, Verse 16 und 17.

Irgendwann geht Luther auf: Wenn in der Bibel von der „Gerechtigkeit Gottes" die Rede ist, dann ist das nicht so zu verstehen, als sei Gott ein unbestechlich gerechter Richter und ich müsste mich darum bemühen, vor ihm gerecht dazustehen. Vielmehr ist gemeint: Gott macht mich ohne jede von mir zu erfüllende Vorbedingung gerecht.

Die irdische Gerechtigkeit muss ohne Ansehen der Person urteilen und nur das Tun und Lassen eines Menschen in den Blick nehmen. Bei der himmlischen Gerechtigkeit jedoch gehen die Uhren anders! Eben dies hat Luther als überwältigenden Durchbruch in die Freiheit erfahren. Ein Jahr vor seinem

Justitia, die Göttin der Gerechtigkeit, wird oft mit verbundenen Augen dargestellt, denn vor dem Gesetz sind alle gleich, ohne Ansehen der Person. Wie anders dürfen wir uns die himmlische Gerechtigkeit vorstellen! Gott sieht uns schonungslos genau an – aber mit liebevollem Blick

Tod beschreibt er das in einem berühmten Selbstzeugnis so: „Hier fühlte ich mich wie neugeboren und als wäre ich durch die geöffneten Pforten ins Paradies selbst eingetreten."

Er fühlt sich bis in die dunkelsten Abgründe des eigenen Selbst von Gott bejaht. Er erkennt, dass Gottes Gerechtigkeit sich spiegelverkehrt zur menschlichen Gerechtigkeit verhält, nämlich indem sie gerade nicht *ohne* Ansehen der Person zur Wahrheit kommt, sondern indem sie die von ihren Taten belastete Person *voll ins Visier* nimmt – aber nicht mit zornigen, sondern mit liebenden Augen.

Glauben heißt: Ja dazu sagen, dass ich bejaht bin

„Cool und erfolgreich!" Der Mensch als Macher seiner selbst ist ein Getriebener in Sachen Selbstdarstellung. Der Glaube schenkt Entlastung

Dadurch wird für Luther alles neu. Er sieht Gott mit neuen Augen. Er sieht sich selbst in einem neuen Licht. Und er entdeckt eine neue Kirche: Gott ist durch und durch der rettende, befreiende, erlösende Gott. Er ist in seinem Wesen nicht ein streng richtender Gott, der bestenfalls einmal „Gnade vor Recht" ergehen lässt – vielmehr *besteht* seine Gerechtigkeit gerade darin, dass er Gnade übt, indem er den ungerechten Menschen gerecht macht. Gnade und Recht sind für die himmlische Gerechtigkeit keine Antagonisten, sondern sie gehen geradezu ineinander auf. Gottes Recht *ist* seine Gnade.

Die Menschlichkeit des Menschen besteht darin, dass er von Anfang an und bis zuletzt in erster Linie nicht ein Machender, sondern ein Empfangender ist. Er muss sich nicht durch prächtige Taten vor Gott ins rechte Licht rücken. Er kann eine befreiende innere Distanz zu sich gewinnen. Er bejaht, dass Gott ihn schon längst bejaht hat. Dieses Vertrauen in das gnädige Handeln Gottes ohne jedes eigene Zutun ist im Kern das, was evangelische Christen „Glauben" nennen.

An Kirchentagen wird die Kirche zu dem, was sie sein soll: Man kann gar nicht genug davon bekommen

Spiegelverkehrt dazu verhält es sich mit der Sünde – heute ein schwer diskreditiertes Wort! Das müsste nicht sein, wenn man wieder zu dem vordringt, was die Bibel eigentlich damit meint. Sünde ist nicht einfach diese oder jene Verfehlung gegen dieses und jenes Gebot – das ist nur die hundertste Konsequenz aus ihr. Sünde, wie sie die Bibel versteht, ist im Tiefsten das Neinsagen dazu, dass ich von Gott bejaht bin. Sünde ist Widerstand gegen den Sieg der Gnade.

Und schließlich die Kirche: Sie ist nicht mehr eine Moralanstalt, die mit Bußübungen, Ablass, „Aufopfern" und besonderen Verdiensten für das „Anständigsein" sorgt. Kirche ist jetzt die Gemeinschaft von Menschen, die miteinander ihre Gefangenschaft in Lebenslügen, erst recht aber ihre Befreiung aus dieser Gefangenschaft erkennen und die miteinander Gottesdienst feiern, um sich darüber immer wieder neu zu freuen. Theologisch gesprochen ist Kirche die Gemeinschaft der „gerechtfertigten Sünder".

Die reformatorische Rechtfertigungslehre, die sich aus dieser Umwälzung in Luthers Glaubensleben entwickelt hat, ist viel mehr als eine wichtige Lehre unter anderen. Sie ist die Mitte und der Kern, in dem sich alles verdichtet, worauf es im christlichen Glauben ankommt. Sie ist die Summe des Evangeliums, wie Luther sagte. Alles hängt daran: das Gottesbild, das Bild vom Menschen und von der Kirche.

Der **Artikel von der Rechtfertigung** ist ein Meister und Fürst über alle Arten von Lehre und er **regiert alles Gewissen** und die Kirche. Ohne ihn ist die Welt fade und lauter Finsternis ... Von diesem Artikel kann man nicht weichen oder nachgeben, es fallen Himmel und Erden oder was nicht bleiben will.

Martin Luther

Passt die Rechtfertigungslehre überhaupt noch in unsere moderne Welt? Ein Blick hinter die spiegelnden Fassaden zeigt: ja!

Die Rechtfertigungslehre – unverändert aktuell

Eine solche Behauptung ist durchaus anstößig! Hat doch kein Geringerer als Goethe – der mit dem kirchlich verfassten Christentum ohnehin auf höchst eigenwilligem, distanziertem Fuß stand – die Rechtfertigungslehre schon als „verworrenen Quark" abgetan. Dennoch bin ich überzeugt: Was der „neue Glaube" der Reformatoren aussagt, ist auch heute hochaktuell und brisant. Warum? Ich versuche die Antwort den vier „Exklusivpartikeln" *(particula exclusiva)* entlang, den sogenannten „Ausschließlichkeitsprinzipien", die als Grundpfeiler des reformatorischen Glaubens gelten können: Allein durch Christus – allein durch Wort und Schrift – allein aus Gnade – allein durch den Glauben.

Die meisten Menschen sind überzeugt, dass es einen Urgrund des Seins gibt

Seit mindestens hundert Jahren wird behauptet, Luthers Frage „Wie kriege ich einen gnädigen Gott?“ sei keine Frage des „modernen Menschen“ mehr. Denn der frage nicht nach dem *gnädigen* Gott, sondern – angeblich viel „radikaler“ – danach, ob es überhaupt einen Gott *gibt*.

Je länger ich als Pfarrer und Theologe mit dem „modernen Menschen“ zu tun habe, desto mehr bezweifle ich, dass diese Behauptung stimmt. Ich erfahre jedenfalls in vielen Gesprächen, dass die meisten Menschen unverändert danach fragen, was ihr Leben trägt. Sie fragen, ob ihr Dasein ein Tanz auf dem Vulkan ist oder ob es eine solide, verlässliche Grundlage hat. Ob es mehr ist als trautes Heim, Gesundheit, Aktienkurse und Wellness. Sie sind nahezu alle überzeugt, dass es einen Urgrund des Seins gibt, und sie fragen danach, ob dieser ihnen feindselig gegenübersteht, gleichgültig oder wohlgesonnen.

An der bedingungslosen Liebe Gottes können wir uns einfach freuen – wie dieses Kind an den Sonnenstrahlen

Die Botschaft von der Rechtfertigung spricht ihnen den Gott zu, der von Ewigkeit her mit dem Menschen im Bund ist. Und der alles daran setzt, mit dem Menschen im Bund zu bleiben. So wie auch jedes Menschenkind in seiner frühen Lebenszeit nichts von sich aus zu seinem Leben und Da-Sein beitragen kann, sondern total auf die Zuwendung anderer angewiesen ist, so muss der Mensch als Kind Gottes bei seiner eigenen Rettung durch Gott völlig tatenlos bleiben. „Christus allein“ hat das Werk der Rettung vollbracht.

In der Rechtfertigung erfahren die Menschen, dass Gott kein stummer Gott ist. Ein stummer Gott ist nämlich – Luther hat das peinvoll erfahren – noch unerträglicher als gar kein Gott. Ein stummer Gott ruft Misstrauen hervor und macht alles finster. Im Evangelium wird dem Menschen seine Rettung von außen zugesichert. Er muss sich nicht nach den Gesetzen des „positiven Denkens“ ständig gegen seine Selbstzweifel einhämmern: „Ich bin okay, du bist okay, alles okay!“ Er bekommt durch das Evangelium von Gott gesagt: Nein, du bist ganz und gar nicht okay – sondern ein erbärmlicher Sünder. Aber gerade als solchen habe ich dich grenzenlos lieb!

Damit teilt Gott dem Menschen nicht nur eine überaus bedeutsame, schöne Nachricht mit, sondern er teilt ihm sich selbst mit. „Ich liebe dich“ – das ist mehr als eine positive Information. Wer das zu jemandem sagt, gibt sich selbst. Da ist ein Wort nicht nur „Schall und Rauch“, sondern es spricht regelrecht Sein zu, es wirkt neues Sein. „Allein durch das Wort, allein durch die Schrift“ werden wir gerettet, finden wir zu unserer eigentlichen Identität.

Allein aus Gnade

Die Lehre von der Rechtfertigung enthält eine tiefe Einsicht über uns Menschen: Unser Leben ist im Grunde ein einziger Kampf um unser (Daseins-)Recht. Wir müssen uns auf Schritt und Tritt rechtfertigen und behaupten, wir müssen uns ins rechte Licht setzen und uns legitimieren. Wir müssen plausibel machen, wer wir sind und dass wir etwas sind. Für die wachen und engagierten Leute kommt hinzu, dass zum Überleben der Menschheit eine ungeheure moralische Anstrengung nötig wäre. Das alles lastet manchmal zentnerschwer auf uns. Im persönlichen Sich-behaupten-Müssen, in der Verantwortung für die Welt stehen wir unter einem massiven Rechtfertigungsdruck. Ein angestrengtes Leben! In dieser Situation sagt uns die biblische Botschaft: Gott ist auf unserer Seite, er will uns alles schenken.

Ist Gott für uns,
wer kann wider
uns sein?
Der auch seinen
eigenen Sohn
nicht verschont hat,
sondern hat ihn
für uns alle
dahingegeben –
wie sollte er uns
mit ihm nicht
alles schenken?

Römer 8,31.32

Der Mensch ist einzig und allein als Glaubender an seiner eigenen Rechtfertigung beteiligt

Nicht was der Mensch *verdient* – an Lohn oder Strafe –, sondern was ihm *geschenkt* wird, ohne jedes eigene Zutun, ist der alles tragende Grund. „Allein aus Gnade", sagen die Reformatoren. Also nicht Leistung wird gefordert, sondern Freude aneinander wird ermöglicht. Der rechtfertigende Gott freut sich über den Menschen, und der begnadete Mensch freut sich am gnädigen Gott.

Für den Menschen ist das eine große Befreiung. Er braucht nichts an Gottes rettendem Handeln zu ergänzen. Deshalb ist die vierte der Exklusivpartikel die Pointe der Rechtfertigungslehre: „Allein durch den Glauben". Sie bringt positiv zum Ausdruck, wie der Mensch in das Geschehen der Rechtfertigung einbezogen wird: nämlich ausschließlich als *Glaubender*. So und *nur so* ist er an seiner eigenen Rechtfertigung beteiligt. Glauben aber heißt: Ja sagen zu meiner definitiven Bejahung durch Gott. Ich darf mir einfach nur gefallen lassen, dass Gott Gefallen an mir gefunden hat. Und auf dieses Gefallen vertraue ich.

Im Abendmahl feiern wir die liebevolle Hingabe Gottes an den Menschen

Sich selbst vergessen können

Wenn ich also im Gottesdienst bekenne: „Ich glaube an Gott", dann will ich damit nicht sagen, dass es einen Gott *gibt*, sondern ich bringe damit meine Überzeugung zum Ausdruck, dass es Gott von Ewigkeit her bis zur Vollendung *gut mit mir meint*.

In diesem glaubenden Vertrauen freuen die Christen sich und können, wie das zur Freude gehört, diese Freude und Dankbarkeit nicht für sich behalten, sondern sie feiern miteinander, dass Gott mit ihnen im Bund geblieben ist. Dass über sie, die gottvergessenen Menschen, ein Urteil gefällt ist, das ihnen zuspricht, was sie von sich aus gar nicht sind.

Das ist eine Botschaft von solcher Ausstrahlungskraft, dass sie immer aufs Neue gehört, ausgedrückt und gemeinsam gefeiert werden muss. Immer, wenn ich etwas feiere, werde ich ein Stück weit selbstvergessen. Erst recht, wenn es darum geht – und eben darum geht es im Gottesdienst –, Gottes Liebe zu uns lieblosen Gestalten zu feiern. Auch wenn wir sie nicht fassen und nicht verstehen können, sondern immer nur glaubend annehmen. Mehr wird auch nicht von uns erwartet. Um es mit einem sehr katholisch klingenden, aber einfach wahren Satz des früheren Mailänder Erzbischofs Carlo Maria Kardinal Martini zu sagen: „Die Kirche befriedigt keine Erwartungen, sie feiert Geheimnisse."

„Papa! Das mach ich nie wieder!" Stimmt nicht. Aber wer könnte dem kleinen Burschen böse sein? So ähnlich geht es dem vertrauensvoll glaubenden Menschen mit Gott. Dies ist die lebensfreundliche Botschaft, die hinter dem Wortungetüm „Rechtfertigungslehre" steht

„Das glaubende Herz ist ein von Gott bereits erobertes Herz", sagt der evangelische Theologe Eberhard Jüngel. Darin gleicht der Glaube der Liebe, die ja auch über uns kommt und unser Herz erobert. In der Liebe sind wir vom geliebten Anderen so in Beschlag genommen, dass wir von uns selber sagen können: „Ich bin hin und weg" – nämlich weg von mir, hin(gerissen) zu ihr oder ihm. So auch im Glauben: glaubend bin ich einfach hin und weg – weg von mir selbst, hin zu Gott. Im Glauben entdecke ich, dass Gott mein Herz bereits erobert hat, um einen neuen Menschen aus mir zu machen: nämlich ein Kind, das in Gott seinen Vater hat, auf dessen unbedingte Liebe es sich ebenso unbedingt verlassen darf und soll.

Glaubend bin ich einfach hin und weg – weg von mir selbst, hin zu Gott

Das ist der Kern der Rechtfertigungsbotschaft. Und deshalb ist sie, allen Unkenrufen zum Trotz, immer und also auch heute so aktuell.

Das Konfessionsbild des Schuhmachers Feßlen in Ulm-Jungingen von 1711 steht in der Tradition reformatorischen Lehrbilder, die das biblische Wort illustrieren. In der Bildmitte bzw. im Vordergrund der Gekreuzigte, das Altarsakrament und dessen Austeilung in beiderlei Gestalt, im Uhrzeigersinn Taufe, Beichte, Kirchenmusik, die Übergabe der Confessio Augustana an Kaiser Karl V., Trauung, Predigt, Katechismusunterricht. Und über allem frommem Tun waltet Gott

Bilderwelten

von Veronika Bremer

Die Bilder sind weder so noch so,
sie sind weder gut noch böse,
man mag sie haben oder nicht haben.

Martin Luther, aus der Predigt am Mittwoch
nach Invokavit 1522

- Bildersturm als negativer Bildkult
- Dienende Bilder
- Das Bild entsteht im Betrachter
- Wort und Bild

„Klagrede der armen verfolgten Götzen", Holzschnitt von 1530. Schlüsselfigur des Geschehens ist der reiche Mann im Hintergrund rechts, der die anderen zum Bildersturm anstiftet. Er erweist sich als Heuchler im Sinne von Mt 7,3: Wohl sieht er den Splitter im Auge seines Bruders, nimmt aber den gewaltigen Balken nicht wahr, der aus seinem Auge herausragt. Die Bildwerke – so der Tenor eines ursprünglich den Holzschnitt erläuternden Gedichts – werden ausgerechnet von denen zerstört, die sie früher angebetet haben

Als Martin Luther vom 9. bis 16. März 1522 in der Wittenberger Stadtkirche seine berühmten Invokavit-Predigten hielt, blickte er vermutlich auf kahle Wände und einen leeren Altarraum hinab. Kurz zuvor hatte der Stadtrat im Zuge einer neuen Kirchenordnung die Entfernung der Bilder aus den Kirchen beschlossen, „damit abgoetterey zu vermeyden". Doch die geordnete Umsetzung des Ratsbeschlusses geriet außer Kontrolle, und es kam zum sogenannten Wittenberger Bildersturm, in dessen Verlauf ein erheblicher Teil der Kircheneinrichtung zerstört wurde.

Somit sah sich Luther mit zwei Herausforderungen konfrontiert, die in einem fehlgeleiteten Glauben ihren gemeinsamen Ursprung hatten: der Bildanbetung und dem Bildersturm. Beides sind Formen des Bildermissbrauchs, beide tragen Züge der Werkgerechtigkeit in sich und gestehen den Bildern eine Macht zu, die sie nicht haben. Für Luther sind Bilder „Adiaphora", das heißt religiös neutrale Mitteldinge; ihr Wert bemisst sich allein im rechten oder falschen Gebrauch.

Nach einem Wort des Medientheoretikers Hans Belting ist der Bildersturm „Bildkult unter umgekehrten Vorzeichen oder Gewalt gegen Bilder, von denen man Gewalt erfahren hat". Letzteres erlebten die Menschen des Mittelalters insofern, als sie den Bildern eine Wirkmächtigkeit einräumten, die zwar nicht der Lehre der Kirche entsprach, aber von ihr geduldet wurde. Das einfache Volk begegnete Bildwerken häufig, als seien die Heiligen in ihnen anwesend, man küsste oder salbte sie mit Öl, spendete Kerzen und Geld. Wer vermögend war, stiftete Altäre oder Kapellen, um vor Gott Verdienste zu erwerben. Die Grenzen zwischen Reliquien- und Heiligenverehrung und einer auf Gegenleistung spekulierenden Frömmigkeit waren fließend.

Luthers Feinde als Bestiarium, anonymer Holzschnitt von 1521. Das Panoptikum an Verschlagenheit, Geilheit, Machtstreben, Gier und Gewalttätigkeit ist garniert mit verunglimpfenden Knittelversen, geeignet zum Vortrag auf Märkten und in Tavernen und so einfach gehalten, dass sie sich Leseunkundigen leicht einprägten

Hohe und niedere Kunst

Luthers Verhältnis zu den Bildern war pragmatisch. Er beurteilte sie nach ihrem Nutzwert, und daher zeigte er sich auch flexibel in ihrer Handhabung. Der „niederen" Gebrauchskunst, wie sie uns in den illustrierten Flugschriften der Reformatoren, insbesondere in den Bildsatiren begegnet, gestattete er Freiheiten, die er der „hohen" Kunst versagte. Seinen eigenen derben Sprachgewittern standen die Künstler kaum nach. Jedes Mittel war recht, das „dem Papst wehtun" würde, so wird Luther in einer seiner Tischreden zitiert; stets galt es, die römische „Hurenkirche" zu entlarven und ihre Vertreter herabzuwürdigen.

Den Umgang mit der „hohen“ Kunst skizzierte Luther selbst mit den Worten: „Man muss den Bildern mit dem Evangelium begegnen und dadurch die Gewissen unterrichten und erleuchten.“ Damit griff er auf die Idee der mittelalterlichen Armenbibel zurück, deren Illustrationen sich an das nicht lesefähige Volk wandten. Allerdings unterwarf Luther die Bilder der strengen Richtschnur der Heiligen Schriften. Von der Bibel entlieh er sich das Recht, Bildthemen zu verwerfen oder Bilder im Entstehen zu korrigieren. Von Fall zu Fall verlangte er sogenannte „Tituli“, erklärende Kommentare oder Bibelverse, die die Bilder auf eindeutige Aussagen festlegten. Dem tragen zum Beispiel die auf Papier geschriebenen und unter das Bild geklebten Bibelstellen Rechnung, mit denen das wohl bedeutendste reformatorische Lehrbild versehen ist: „Gesetz und Gnade“, ein Typus, den Luther entwickelt und Cranach d. Ä. in verschiedenen Varianten ausgeführt hat.

Bilder müssen nach Luther auf eindeutige, biblisch begründete Aussagen festgelegt sein

Lucas Cranach d. Ä., „Gesetz und Gnade“, um 1529. Die Darstellung in Form von These und Antithese stand Pate für zahllose ähnliche Lehrbilder, die bis in die Volkskunst des 19. Jahrhunderts hinein zu finden sind. Allerdings weicht Luthers Konzept von der sündhaften Grunddisposition des Menschen bald der schlichten Erzählung, die vor den Gefahren von Alkohol, Arbeiterdemonstrationen, Tanzvergnügen oder Eisenbahnfahrten warnt und als Lohn für den Verzicht einen sicheren Platz im Himmel in Aussicht stellt

Reformatorische Bildthemen

Die Zusammenarbeit von Luther und Cranach d. Ä. war ein Glücksfall für die Kunst der Reformationszeit. Gemeinsam entwickelten sie neue, noch nie dagewesene Bildthemen wie „Christus segnet die Kinder“ oder passten überlieferte Bildtraditionen der neuen Glaubenslehre an. So erhielt etwa das mittelalterliche Tugendbild vom Sämann eine deutlich reformatorische Zuspitzung: Mühselige Anstrengung und Hoffnung auf fruchtbringende Saat – nachzulesen in Markus 4 – werden verknüpft mit dem Motiv der Nachfolge und Luthers Bewertung der Arbeit als einer Art innerweltlichen Gottesdienstes. Derart zu einer protestantischen Leitfigur zugerichtet, stapft der Sämann durch die bäuerlichen Lebenswelten der Reformationsgrafik und bringt noch Jahrhunderte später bei Millet und van Gogh seine Saat aus. Auch die Gottesgebärerin Maria wurde umgedeutet. In der Bilderwelt

Fritz von Uhde, „Die Heilige Familie in der Werkstatt“, 1892 (Ausschnitt). Fromm, arbeitsam und bescheiden – die Blaupause für dieses protestantische Familienideal geht auf Luther zurück. Dabei waren künstlerische Darstellungen, die biblische Geschichten in die Gegenwart setzten, kirchlich höchst umstritten. Schon Dürer wurde dafür getadelt. Dem Maler Fritz von Uhde warf die Kritik vor, er profaniere ein heiliges Geschehen. Die Menschen entschieden anders: Sein „Arme-Leute-Jesus“ gelangte als Druck in die Wohnstuben hunderttausender Familien

Es wäre besser,
man male an die Wand,
wie Gott die Welt schuf,
wie Noah die Arche baute
und was mehr guter
Historien sind, als dass man
sonst irgendein weltlich
unverschämt Ding malt.

Martin Luther

vorreformatorischer Zeiten noch entrückte, gnadenstiftende Madonna, wird sie nun zur bescheidenen Magd Gottes und liebenden Mutter; die Heilige Familie verwandelt sich in die fleißige christliche Familie, die in der Werkstatt oder in der bürgerlichen Wohnstube mit Alltagsverrichtungen beschäftigt ist.

Bild und Betrachter

Auch in der Altargestaltung haben Luther und Cranach Maßstäbe für die weitere Kunstentwicklung gesetzt. Der Wittenberger Reformationsaltar, an dessen Bildprogramm Luther vermutlich noch mitgewirkt hat, wurde Vorbild für ungezählte protestantische Altarwerke. Beispielhaft zeigt er, wie sehr die Bildmittel reformatorischer Kunst der lutherischen Lehre folgten.

Bei flüchtiger Betrachtung des Altaraufsatzes, der sogenannten Predella, gewinnen wir zunächst den Eindruck, dass die Malerei lediglich wiederholt, was ohnehin im Gottesdienst stattfindet: Luther predigt der Gemeinde den Gekreuzigten. Doch dann tauchen Fragen auf: Warum ist der Mund des Predigers geschlossen? Weshalb fällt der Schatten des Kreuzesstamms ganz anders als der, den die Gemeinde an die rückwärtige Wand wirft? Weshalb ist das Kruzifix scheinbar achtlos auf eine x-beliebige Bodenplatte gestellt, und wieso stößt das Schild mit der „INRI“-Inschrift an den oberen Bildrand?

Und ist Christi Reich ein
hör Reich, nicht ein sehe
Reich. Denn die Augen
leiten und führen uns nicht
dahin, da wir Christum finden
und kennen lernen,
sondern die Ohren
müssen das tun.

Martin Luther

Stumm steht der Prediger da und zeigt auf den Gekreuzigten. Man mag die Geste als Ergebnis einer Art medialer Transformation verstehen: Die gedruckte Sprache wird über den Weg durchs Herz in ein Bild verwandelt, auf das man nur noch zeigt. Nun ist der Deute-Gestus in der Maltradition dem Täufer Johannes zugeordnet und drückt seine Zeugenschaft aus – ganz

Lucas Cranach d. Ä., Predella des Reformationsaltars in der Wittenberger Stadtkirche, um 1547: Die Urszene protestantischer Predigt macht das Wort Gottes in seiner dreifachen Gestalt sichtbar: als verkündigtes Wort (der Prediger im Professorengewand), als geschriebenes Wort (die Bibel, auf der seine Linke ruht) und als geoffenbartes Wort (im Symbol des Gekreuzigten)

im Sinne des Johannes-Evangeliums: Er „war nicht das Licht, sondern er sollte zeugen von dem Licht“ (Joh 1,8). „Siehe“, bedeutet der Gestus, „das ist Gottes Lamm“ (1,29). Das wiederum hieße, dass der Prediger auf der Kanzel der Wittenberger Predella nicht durch seine Predigt eine „Vision“ des Gekreuzigten er-zeugt, sondern sie be-zeugt und daher stumm bleibt. Was er bezeugt, lässt sich mit einem Lutherzitat erneut als Ergebnis eines medialen Verwandlungsprozesses umschreiben: „Wenn ich von Christus höre, so entwirft sich in meinem Herzen das Bild eines Mannes, der am Kreuze hänget.“ Christus als inneres Bild: Der Begriff „innen“ lässt sich mit malerischen Mitteln als Innenraum darstellen – ob als fensterloses Interieur oder im übertragenen Sinne als Kommunikationsraum, der sich zwischen „Sender“ und „Empfänger“ bildet und in dessen Mitte der Gekreuzigte erscheint. Das innere Bild hat keinen fassbaren Ort.

Wer aber hört von Christus, wenn nicht die Gemeinde? Im Gottesdienst, so Luthers bündige Definition, redet Gott mit uns durch sein Wort, und wir antworten in Gebet und Lobgesang. Die Antwort geschieht im Glauben – und durch den Glauben wird „das wahre Licht“ sichtbar, „das alle Menschen erleuchtet, die in diese Welt kommen“ (Joh 1,9). Im geheim-

Der Altar in der Stadtkirche St. Marien in Wittenberg. Das reformatorische Kirchenverständnis auf einen Blick: Taufe, Abendmahl, Beichte (die Luther anfangs noch zu den Sakramenten zählte), Predigt. Die Porträts von Melanchthon und Cranach d. Ä. (Taufe), von Luther als Junker Jörg und Cranach d. J. als Mundschenk (Abendmahl) und vom Reformator Bugenhagen (Beichte) hatten für damalige Betrachter Appellcharakter: Im Angesicht noch lebender oder gerade verstorbener Zeitgenossen sahen sie sich aufgefordert, in die Nachfolge Christi zu treten

nisvollen Licht aus unsichtbarer Quelle, das gut Dreiviertel des gemalten Raums ausleuchtet, erstrahlt das Bild des Gekreuzigten. Der Schatten des Kreuzesstamms wird in der Bildkomposition zu einer Linie, die auf Luther weist.

Die Gemeinde hört und sieht in eine Richtung – mit Ausnahme einer weiblichen Gestalt, die uns geradeheraus ansieht. Das heißt: Wir sind mitgemeint, die wir uns beim Abendmahl vor dem Altar versammeln, vis-à-vis dem gemalten Bild.

Den Abendmahlsbezug liefert der Bildzusammenhang: Direkt über der Predella sehen wir den Abendmahlsteilnehmer Luther, der einen Becher entgegennimmt – genau über einer vertikalen Steinfuge, die sich über die Bildränder hinweg nach unten hin ausziehen lässt bis zum ausgestrecktem Zeigefinger des Predigers Luther im Predella-Bild. Nach den Einsetzungsworten des Abendmahls tritt nun der Gekreuzigte mitten unter uns: Sein Bild verbindet sich oben optisch mit dem Bildrahmen der Predella und macht den Gekreuzigten als tragendes Fundament für das dreiflügelige Altarbild sichtbar. Oben Teil des architektonischen Rahmens, unten dem gemalten Bildraum zugeordnet, ist auch er ortlos, das heißt: allgegenwärtig – ähnlich wie das Wort, das die Schrift erzeugt und das als lebendiges Wort den Raum erfüllt und gegen alle physikalischen Regeln das Hüfttuch Jesu bauscht.

Cranachs Wittenberger Predella verlangt ein reflektierendes Anschauen. Der Blick des Betrachters wandert über das Bild, tastet sich vor von Detail zu Detail, findet Bezüge, formuliert Fragen an das Bild. Es ist ein stilles Exerzitium, das den Betrachter selbst in den Wahrnehmungsprozess einbezieht, denn am Ende wird sich in ihm entscheiden, was das Bild aussagt. Wie er das Bild „gebraucht", hat er mit seinem Glauben auszumachen. Nicht ein Geschmacksurteil gibt den Ausschlag, sondern die innere Betroffenheit. Der Betrachter sieht nicht, was er sehen *soll*, sondern was er aus sich selbst heraus sehen kann und sehen will.

Luther stellt die Bilder in einen Raum der Frag-Würdigkeit, so wie er auch in seiner Bibellektüre den Buchstaben nach seinem Geist befragt. Der Bildbetrachter – ebenso wie der Bibelleser – ist kein passiv Anstaunender, sondern ein aktiv Suchender nach der je eigenen, persönlichen Botschaft. Vor dem Bild hat er das letzte Wort.

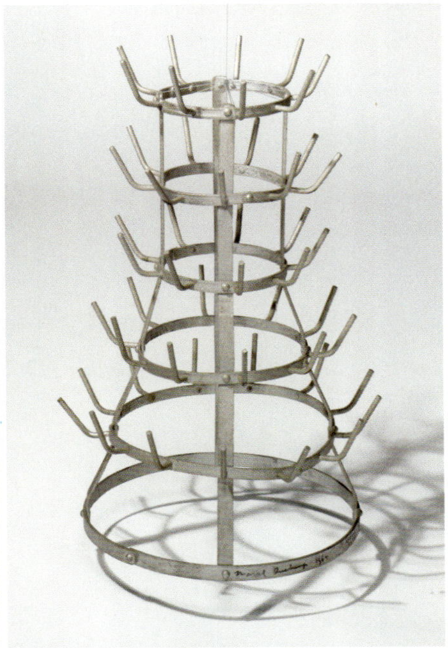

Luthers Betrachter-Ästhetik zieht weite Kreise in die Geschichte der Bilder. Die religiösen Landschaften von Caspar David Friedrich beispielsweise sind Angebote, die nach einem Wort des Künstlers „im Glauben gesehn und erkannt" werden wollen. So ist das „Kreuz an der Ostsee" von 1815 „denen so es sehen, ein Trost, denen so es nicht sehen, ein Kreuz". – Mit Ready-mades wie dem „Flaschentrockner" von 1914 treibt Marcel Duchamp sein ironisches Spiel mit dem Künstler-Betrachter-Verhältnis. Der künstlerische Akt will darauf hinaus, „dass ein Werk vollständig von denen gemacht wird, die es betrachten" (Duchamp)

Vincent van Gogh, „Olivenbäume mit gelbem Himmel und Sonne", 1889. Der ehemalige calvinistische Laienprediger van Gogh schrieb 1889 seinem Bruder Theo, einen Christus auf dem Ölberg werde er gar nicht erst zu malen versuchen, aber „die Olivenernte, wie sie noch heute vor sich geht". Dabei sind es ausgerechnet seine Olivenhain-Bilder, in denen van Gogh Gethsemane mitgedacht hat. Nervöse Pinselführung und irisierende Farbgebung sorgen für einen beunruhigend schillernden Bildeindruck – zwischen der Darstellung kräftigen organischen Wachstums und dem Empfinden abgrundtiefer Verzweiflung

Luthers Umgang mit den Bildern macht eine der Bruchlinien zwischen der Reformation in Wittenberg und der in Zürich bzw. Genf sichtbar, die sich bis in die jeweiligen Bekenntnisse nachzeichnen lässt. Zwingli und Calvin verbannten die Bilder aus den Kirchen; Calvin ging noch einen Schritt weiter, indem er in seiner Kirchenlehre Anbetung, Besitz und Herstellung von Bildern untersagte. Dem Bild sprach er vom Grundsatz her jede geistige Dimension ab, dem Künstler gestand er allenfalls die Wiedergabe der sichtbaren Welt zu. Als zweites der Zehn Gebote fand das mosaische Bilderverbot Eingang in den Heidelberger Katechismus, der für die Reformierten in der Tradition Zwinglis und Calvins maßgeblich wurde. Luthers Katechismus-Schriften dagegen kamen ohne Bilderverbot aus. Was beide reformatorischen Bewegungen jedoch eint, ist ihr Rückbezug auf die Fundamentalkategorie „Wort". Wie ein roter Faden zieht sie sich durch die abendländische Kulturgeschichte.

Kirche des Wortes

Bis heute versteht sich die protestantische Kirche als Kirche des Wortes – und findet sich wieder in einer Kultur, die mehr als je zuvor vom Bild geprägt ist. Die neuen Medien durchdringen, formen und beschleunigen unsere Lebenswelt; sie versprechen einfache Lösungen und lösen mit ihrer Flut von (bewegten) Bildern neue Suchbewegungen aus; sie schaffen neue Kommunikationsräume und bestimmen die Spielregeln der Interaktion. In diesem Kontext könnte eine Kirche des Wortes auf reflektierende Betrachtung, Distanznahme, Innehalten, Hinterfragen setzen. Sie könnte eine „Bilder-Bildung" fördern, die der Kraft des Wortes als Korrektiv der Bilderwelten vertraut, das Wissen über Möglichkeiten und Grenzen von Bildern stärkt und dazu beiträgt, Strategien zu entwickeln, um ihnen zu begegnen. Luthers Satz hat seine Gültigkeit nicht verloren: „Bilder sind weder gut noch böse, man kann sie haben oder nicht haben." Auf ihren Gebrauch kommt es an.

Die Kraft des Wortes als Korrektiv der Bilderwelten: Distanznahme, Innehalten, Hinterfragen

Das Singen und Musizieren in der Kirche hat eine uralte Tradition. Sie wurzelt in biblischen Vorbildern von den Psalmliedern bis zum Jubelgesang der himmlischen Heerscharen und fand Höhepunkte in der klösterlichen Musik, in großen Chor- und Orgelwerken. Luther und die Reformation aber brachten, zusammen mit dem Wort der Bibel, auch den Lobgesang unters Volk und machten damit die Gläubigen zu aktiven Mitgestaltern des Gottesdienstes

Singen und Sagen

von Ernst-Dietrich Egerer

Es soll dies Haus dahin gerichtet sein,
dass nicht anderes darin geschehe,
denn dass unser lieber Herr selbst
mit uns rede durch sein heiliges Wort,
und wir wiederum mit ihm reden
durch Gebet und Lobgesang.

Martin Luther in der Einweihungspredigt der
Schlosskapelle zu Torgau 1544

- Gottes Wort für alle
- Hören, was heilig macht
- Der rechte Ton in Wort und Lied
- Wort-Kultur und Klang-Kultur

LXXII KINDERLIED AVF

DAS haben alles vns gethan/sein gros Lieb zu zeigen an/ Des frew sich alle Christenheit/ vnd danck jhm des inn ewigkeit/ Halleluia.

Ein Kinderliede auff die Weihenachten/ das meiste theil aus dem Euangelio LVC. II. Von der Geburt Christi/ gezogen durch D. Mart. Luther.

Vom himel hoch da kom ich her/ ich bring euch gu te newe mehr/ Der gu ten mehr bring ich so vil/ da von ich singen vnd sagen

VVEIHENACHTEN LXXIII

sa gen wil. Das II.

EUch ist ein kindlin heut geborn/ von einer iungfraw auserkorn/ Ein kindelein so zart vnd fein/ das sol ewr freud vnd wonne sein. Das III.

Es ist der Herr Christ vnser Got/ der wil Euch fürn aus aller not/ Er wil ewr Heiland selber sein/ von allen sünden machen rein. Das IIII.

Er bringt euch alle seligkeit/ die Got der Vatter hat bereit/ Das jhr mit vns im himelreich/ solt leben nun vnd ewigleich. Das V.

So merckt nun das zeichen recht/ die krippen/ windelein so schlecht/ Da findet ihr das kind gelegt/ das alle welt erhelt vnd tregt. Das VI. Des

Straßburger Gesangbuch von 1541: „Ein Kinderliede auff die Weihenachten“ (Vom Himmel hoch). Aus der mittelalterlichen Prädikantenbibliothek der Nikolaikirche zu Isny

Erschöpft legt Luther die Feder aus der Hand. Wie spät mochte es inzwischen sein? Mitternacht war längst vorüber. Er schaut vor sich auf das Blatt. Manches ist ihm aus der Feder geflossen, und es gab Momente, da er mit den Worten gerungen hat. Aber am Ende besingen diese 15 Strophen die Weihnachtsgeschichte und das ewige Wunder, dass Gott Mensch geworden ist. Morgen will er es seiner Familie zeigen und vorsingen. „Ein Kinderlied auf die Weihnacht Christi“ hat er darüber geschrieben. Es beginnt damit, dass der Engel der Verkündigung zu singen beginnt: „Vom Himmel hoch, da komm ich her.“ Vielleicht ließe sich daraus mit all den Kindern im Haus und der erst vor wenigen Tagen geborenen Margareta als Christ-Kind in der Wiege ein Krippenspiel aufführen.

Euangelion ist ein griechisch Wort,
und heißt auf deutsch gute Botschaft,
gute Mär, gute Neuzeitung, gut Geschrei,
davon man singet, saget und fröhlich ist.

Martin Luther

Einmal mehr hat Luther das Gefühl, sich und seinem theologischen Anliegen treu geblieben zu sein: Es geht um Gottes Wort und nicht um menschliche Befindlichkeiten. Deshalb darf der Engel fünf Strophen lang erzählen, was in Bethlehem geschehen ist. Danach treten die Menschen hinzu, um zu bestaunen, was da in der Krippe vor ihnen liegt. Zuerst Gott, zuerst die Bibel – alles andere ist menschliche Antwort.

Vom Himmel hoch da komm ich her,
ich bring euch gute neue Mär;
der guten Mär bring ich so viel,
davon ich singen und sagen will.

Evangelisches Gesangbuch 24,1
Text: Martin Luther 1535

Müde und zufrieden lehnt sich Luther zurück, wirft für heute Nacht einen letzten Blick auf das Blatt. Seine Augen bleiben am Ende der ersten Strophe hängen: „davon ich singen und sagen will". Ja, das kann er, das will er. Wenn das Evangelium „ein Geschrei" ist, das unter die Leute kommen soll, dann will er singen und sagen, wie er das Evangelium vom gnädigen Gott erfahren hat und versteht.

„Luther im Kreise seiner Familie" von Gustav Adolph Spangenberg, 1866. Luther wurde immer wieder gern musizierend dargestellt. Im Hintergrund Philipp Melanchthon

Singen und Sagen

Dass Luther ein Mann des Wortes war, dass und wie es ihm gegeben war, mit Worten umzugehen, das *eine* Wort Gottes zu fassen und auszudrücken, sucht seinesgleichen. Schon als Mönch vertieft er sich vor allem in die Heilige Schrift. Alle Gelehrsamkeit der Vergangenheit reicht nicht an das heran, was er zum Leben und Sterben in den biblischen Büchern findet. „Allein die Schrift“: damit ist Ausgangs- und Zielpunkt für alle Überlegungen und Reformen benannt. Als Professor der Theologie versucht Luther, seine Studenten für die Schatzsuche in Gottes Wort zu begeistern. Seine Schriften, die sich dank des neuen Buchdrucks in Windeseile verbreiten, bringen seine Gedanken und biblischen Einsichten unter die Leute. Reden muss er, schreiben kann er, das Evangelium will er unters Volk bringen.

Auf der Wartburg hat Luther begonnen, das Neue Testament ins Deutsche zu übersetzen. Alle, nicht nur die Geistlichen und Gebildeten, sollen das Evangelium lesen können. Dazu braucht es eine Sprache, die sie verstehen. Die Leute auf den Straßen und Gassen sind der Weltspra-

Alle Gelehrsamkeit der Vergangenheit reicht nicht an das heran, was Luther in den biblischen Büchern findet

Luther, der Mann des Wortes. Von Beginn an war es nicht nur das gesprochene und geschriebene, sondern ganz wesentlich auch das gesungene Wort

che Latein nicht mächtig. Die Gute Nachricht ist nicht nur Sache der Gelehrten und Fachleute. Alle sollen sie hören und mit ihr umgehen. Deshalb soll die Bibel mit Worten, in Bildern und Begriffen *gesagt* sein, die die Leute kennen. Am Ende ist aus den ersten Versuchen eine Übersetzung der ganzen Bibel geworden.

Luther weiß wohl: All seine Sprachbegabung, das aufmerksame Ohr für das, wie auf den Straßen gesprochen wird, seine Formulierungskunst, sein Einfallsreichtum für neue Wortschöpfungen wären nichts ohne die Sprachkenntnisse seiner Wittenberger Freunde, allen voran seines Kollegen und Mitstreiters Philipp Melanchthon, der wie kein anderer des Griechischen kundig ist. Mit seiner Bibelübersetzung leistet Luther nicht nur einen unschätzbaren Dienst für das Evangelium, er hat unserem Land und unserer Kultur ein großes Geschenk gemacht, knüpft er doch ein Sprachband zwischen allen Regionen, Dialekten und Territorien im deutschsprachigen Raum.

Titelseite der ersten Vollbibel mit einem kolorierten Holzschnitt des Monogrammisten MS (Cranach-Werkstatt), 1534

Mit seiner bahnbrechenden Verdeutschung der Bibel hat Luther einen Prozess angestoßen, der bis heute nicht abgeschlossen ist. Generationen sind bis in Redewendungen und Sprichwörter hinein durch seine Sprache geprägt worden. Andere haben seinen Übersetzungsimpuls aufgegriffen und weitergetragen, ringen um angemessene Übertragungen in „heutigem Deutsch“, in „gerechter Sprache“, suchen als „Basis“- oder „Volx-Bibel“ die Nähe zu den Menschen.

Andere haben Luthers Impuls weitergetragen und ringen bis heute mit ihren Übersetzungen um die Nähe zu den Menschen

Das Evangelium in aller Munde

Die freien Christenmenschen müssen das Wort Gottes selbst in der Hand haben, damit umgehen, es verinnerlichen, es einander weitersagen. Der Kommunikationsvorgang der Verkündigung setzt deshalb unbedingt Bildungsinitiativen voraus. Mündige Christen sind nicht mehr abhängig von der Deutung und Auslegung anderer – eine riskante Idee gewiss, denn nicht nur dem Lehramt in Rom wird damit jeder Absolutheitsanspruch streitig gemacht.

Mündige Christen sind nicht mehr abhängig von der Deutung und Auslegung anderer

Jede und jeder hat einen freien und eigenen Zugang zum göttlichen Wort. Der Pietismus hat dafür besondere Formen der Liebe zum Wort Gottes gefunden und gepflegt. Die Herrnhuter Losungen bieten vielen Menschen bis heute den täglichen Extrakt in Form von knappen Bibelversen. Die Bibelgesellschaften, die sich um Erforschung und Ausgabe der Bibel kümmern, gehören zum protestantischen Milieu. Dass gegenwärtig eine Bibelfremdheit festzustellen und eine gewisse Bibelmüdigkeit zu beklagen ist, sollte aufmerken lassen. Nicht umsonst plädieren Weitsichtige längst für die Einführung eines Fachs „Bibelkunde", damit unsere Zeit die prägenden Quellen ihrer Kultur – aus Unkenntnis oder Bequemlichkeit – nicht vergisst.

Wer das Evangelium recht und öffentlich weitersagen will, muss also dazu instand gesetzt werden.

Nikolaus Graf Zinzendorf war nicht nur der „Erfinder" der Herrnhuter Losungen, er unternahm auch ausgedehnte Missionsreisen. Die zeitgenössische Darstellung zeigt den großen Pietisten bei einer Zusammenkunft mit Häuptlingen der Irokesen in Nordamerika 1742

Evangelisch sein bedeutete lange Zeit, gebildet zu sein. Eine qualifizierte theologische Ausbildung hat den besonderen Stand des evangelischen Pfarrers hervorgebracht. Die Wort-Kultur der evangelischen Pfarrhäuser hat Generationen geprägt. Neben der unverzichtbar universitären Ausbildung gibt es inzwischen ein dichtes Netz unterschiedlichster Bildungseinrichtungen.

Typisch lutherisch: die architektonische Einheit der drei „Prinzipalstücke" in der evangelischen Barockkirche von Eckenhagen im Bergischen Land. Sagen (Kanzel) und Singen (Orgel) entspringen dem Wort Gottes (Altarbibel)

Auf allen Kanälen, mit den publizistischen Möglichkeiten seiner Zeit hat Luther sich dem *Sagen* des Evangeliums der unverdienten Gnade Gottes verschrieben. Das Sendschreiben ist dabei so nützlich wie das Flugblatt, die gelehrte Streitschrift so öffentlichkeitswirksam wie seine Briefe, die argumentieren, werben, trösten und begleiten. Damit die Verantwortlichen wie die Gemeinden wissen, worum es im „neuen Glauben" geht, braucht es griffige Formulierungen, am besten solche, die man auswendig lernen, Herz und Sinn einprägen kann. Ob als Kleiner oder Großer Katechismus: Gott hat Luther viele Gaben geschenkt, das Evangelium zu *sagen* und wortgewaltig zu predigen. Dass ihm dies Sonntag für Sonntag auf der Kanzel bei der Predigt im Gottesdienst gelingt, ist nicht nur ein weiteres Charisma des Wittenbergers.

Wenn an der Verkündigung alles hängt, dann muss sich der Gottesdienst ganz besonders um die Predigt versammeln. Obwohl Luther an einer von falschen Akzenten (Marien- und Heiligenverehrung, Vorstellung von der Messe als „Opfer") gereinigten Messe festhält und sie in einer deutschen Form weiter feiert, entsteht dank seiner Impulse die zweite Grundform der evangelischen Liturgie: der Predigtgottesdienst. Mag der auch regional variieren, mögen andere Mitstreiter und kluge Köpfe die Akzente in der Ausgestaltung unterschiedlich setzen – einig sind sich alle darin: Die Teilnahme am Gottesdienst verlagert sich vom Auge auf das Ohr. Man *sieht* nicht mehr, was heilig *ist*, sondern man *hört*, was heilig *macht*.

> Was aus der **Taufe** gekrochen ist,
> das mag sich rühmen,
> dass es schon Priester,
> Bischof und Papst
> **geweiht** sei.
>
> Martin Luther

Singen und Sagen im Gottesdienst

Der Gottesdienst ist der Ort, an dem das Programm vom Singen und Sagen zur Vollendung kommt. Was taugt ein Gottesdienst, in dem der Priester mit dem Rücken zur Gemeinde agiert, vor sich hin flüstert und dies auch noch in der für die meisten unverständlichen lateinischen Sprache? Nimmt es da Wunder, dass jenes „Hoc est corpus meum" aus den Einsetzungsworten zum Abendmahl bei der Gemeinde nur als „Hokuspokus" ankommt? Wollte man mit dem neuen oder besser: wiederentdeckten Verständnis des Evangeliums Ernst machen, musste der Gottesdienstablauf grundsätzlich überarbeitet werden. Lateinische Texte und Hymnen mochten für Lateinschüler und Studenten noch ihr begrenztes Recht haben. Der Allgemeinverständlichkeit, „dem Priestertum aller Gläubigen" war das abträglich. Die Sache Gottes sollte nicht Angelegenheit der Spezialisten bleiben. Weil das Evangelium an die Öffentlichkeit kommen sollte, empfahl es sich, alles im Gottesdienst in die Muttersprache Deutsch zu fassen. Bis dahin, dass die Gemeinde auch liturgisch eine größere Rolle spielt und mehr mitspricht, war es dann noch ein weiter Weg.

Als liturgische Neuerung von epochaler Bedeutung bekommt die Gemeinde ihren Anteil am *Singen*. Freie, mündige Gemeindeglieder haben es verdient, dass sie mehr beteiligt werden. Gibt es eine bessere Weise, als die ganze Gemeinde zum Chor zu machen? Mehrfach begabt, wie Luther durch Gottes Gnade nun einmal ist, hat er die Liebe zur Musik im Herzen und entdeckt an sich das Zeug zum Liedermacher. Eher zufällig stößt er auf diese Begabung und die damit gegebenen zusätzlichen Ausdrucksmöglichkeiten.

Im Sommer 1523 mussten zwei seiner Ordensbrüder wegen ihrer reformatorischen Überzeugung auf dem Scheiterhaufen in Brüssel sterben. Luther wollte seine Empörung und Trauer dar-

über öffentlich machen. Sein erstes Lied war Bericht und Ballade, Appell und theologische Deutung in einem. Im volkstümlichen Ton der Straßensänger stimmte er zum ersten Mal ein eigenes Lied an. 40 sollten es einmal werden: Lieder quer durchs Kirchenjahr und zu den Kernstücken des christlichen Glaubens, Übertragungen lateinischer Hymnen ebenso wie Beispiele des von Luther geschaffenen Psalm-Liedes, ausgesprochene Gottesdienstlieder, mit denen der Gemeindegesang liturgisch gleichberechtigt neben die Predigt tritt. Das geistliche Singen wird unverzichtbares Element evangelischer Gottesdienste – bis heute.

In Anlehnung an Psalm 46 dichtete Luther „Ein feste Burg". Generationen evangelischer Christen haben dieses Lied im Konfirmandenunterricht auswendig gelernt. In Johann Spangenbergs Gesangbuch von 1545 eröffnet es den ersten Fastensonntag

Vom Tanzlied zum Gemeindechoral

Luther war es gegeben, den rechten Ton zu treffen: in seinen Formulierungen genauso wie in den Melodien, die aus seiner Feder flossen. Seinen Liedtext „Vom Himmel hoch" unterlegte Luther zunächst mit der Melodie des Spielmannsliedes „Ich komm' aus fremden Landen her", erst später komponierte er die Choralversion, die seit 1539 gesungen wird. Luther, der – nicht nur was die Worte anging – dem Volk aufs Maul schaute, hatte offene Ohren dafür, was auf den Straßen gesungen, in den Häusern musiziert und von den Dächern gepfiffen wurde. Zu nicht wenigen Liedern erfand er eigene Melodien, alte überarbeitete er und schuf Gesamtkunstwerke, die zu protestantischen Alleinstellungsmerkmalen wurden.

Der Gemeindechoral wird zum Kennzeichen des evangelischen Gottesdienstes, der in die Welt hinausgeht und auch in anderen Kirchen längst fest verankert ist. Luther hätte wohl nie damit gerechnet, dass seine Lieder eines Tages auch in katholischen Gesangbüchern zu finden sein würden, ja dass das Singen der Gemeinde längst ökumenisch über alle Grenzen hinweg selbstverständlich geworden ist. Der Wittenberger Sänger des Evangeliums steht auch hier wieder am Anfang eines unablässig produktiven Prozesses. Ein „Liederfrühling“ folgt dem anderen, jede Zeit sucht ihre Worte und Weisen, die Landschaft der Gesang- und anderer Liederbücher ist inzwischen unüberschaubar. Der Reichtum an Liedern birgt allerdings auch ein Problem, schmilzt doch der Bestand eines generations- und milieuübergreifenden gemeinsamen Liedguts.

Als Schüler war Luther in Erfurt mit den Kurrende-Sängern von Haus zu Haus gezogen und hatte im Gottesdienst gesungen. Es wird erzählt, dass Luther die Laute zu schlagen und gut zu singen verstand. Viele Bilder der Nachwelt zeigen ihn gerade in fröhlicher, musizierender Runde. Die an der Bibel orientierte Kirchenmusik gehört fortan zur evangelischen Gottesdienstkultur. Auch hier ist sich Luther der Unterstützung und Begleitung von Fachkundigen sicher, allen voran der Kantor Johann Walter.

Titelkupfer von Johann Rists „Alltäglicher Hausmusik“. Eine gebildete und wohlhabende Familie bei der musikalischen Andacht: Die Mutter und die beiden jüngeren Kinder singen aus Liederbüchern, der Vater und der älteste Sohn begleiten den Gesang mit Laute und Clavichord

Die Reformation – ins Herz gesungen

Die Reformation ist wesentlich auch eine Singbewegung. Die Wort-Bezogenheit, das kommunikative Beziehungsgeflecht zwischen Gott und Mensch, Bibel und Glaubenden prägt sich singend besonders nachhaltig ein. Die Reformation wurde den Deutschen ins Herz gesungen. Aus den im Gottesdienst aktiven Schüler- und Studentenchören werden die evangelischen Kantoreien, aus den Liedersammlungen entwickeln sich die Gesangbücher. Zur Bibel als Volksbuch kommt das Gesangbuch, das das Evangelium und die neue Lehre noch einmal ganz anders in Herzen und Kehlen beheimatet, in den Häusern und im Alltag verankert. Musik und Gesang dürfen in seiner Kirche leben, über-leben, ja mit den Jahrhunderten in immer neuen Formen aufblühen.

Die Musik hat schon vielen jungen Menschen den Weg in die Kirche gebahnt

Protestantischer Gottesdienst bedeutet eben auch evangelische Kirchenmusik. Beides gehört so untrennbar zusammen wie jenes grundlegende *Singen und Sagen*. Zur Kanzel für die Predigt gesellt sich – nicht nur mit architektonischer Akzentsetzung – die Kanzel des Chores und der Orgel. Wort-Kultur bedeutet immer auch Klang-Kultur. Bis heute entwickeln sich die Stile und Ensembleformen weiter. Solo-Gesang und Oratorium, Posaunenchor und alle nur denkbaren singenden und swingenden Ensemble-Formationen in modernem Gewand sind aus protestantischen Gottesdiensten nicht wegzudenken.

„Davon ich singen und sagen will." Das hat nicht nur der Engel im Weihnachtslied zuallererst und ausführlich getan. Luther selbst ist ein solcher Klangkörper des Evangeliums, der bis heute nicht verstummt ist und hoffentlich die, die nach ihm kommen, weiter inspirieren wird, den Mund aufzumachen – ganz im Sinne der berühmten „Torgauer Formel", die diesem Beitrag vorangestellt ist.

> Luther selbst ist ein Klangkörper des Evangeliums, der bis heute nicht verstummt ist

Evangelischer Glaube ist immer dialogisch, entfaltet sich in der Kommunikation von Wort und Antwort, lebt von Klängen, die durch Singen und Sagen entstehen und lebendig bleiben.

Mit der Reformation öffnen sich neue Türen für Bildung, Wissen und Erkenntnis. Jedem einzelnen Gläubigen soll der persönliche Zugang zum Gotteswort offenstehen. Das setzt die Fähigkeit zum Lesen voraus, das Wissen um die Grundzüge des Glaubens, die Befähigung zum eigenen Urteil und Bekenntnis

Orte der Bildung

von Ulrich Bayer

Hast du nun ein Kind, das zum
Studium tüchtig ist, und kannst es
dazu halten, tusts aber nicht ...,
so ... entziehst dem Reich, Fürstentum,
Land, Stadt einen Heiland, Trost,
Eckstein, Helfer und Retter.

Martin Luther, aus der „Predigt, dass man
Kinder zur Schule halten solle", 1530

- Schulen für alle
- Melanchthon, der Bildungsreformator
- Freiheit der Wissenschaft
- Das Pfarrhaus als Kulturzentrum

Die **Schulen** und **Universitäten** sind die **Kathedralen** des Protestantismus.

Georg Friedrich Wilhelm Hegel

Von geradezu sakralem Charakter ist die ehrwürdige Alte Aula der Universität Heidelberg, auch wenn hier in Bildnissen und Büsten den Wissenschaften gehuldigt wird. In Heidelberg entstand auch der gleichnamige Katechismus der Reformierten als Lehrgrundlage für Schulen und Kirche im Auftrag von Kurfürst Friedrich III.

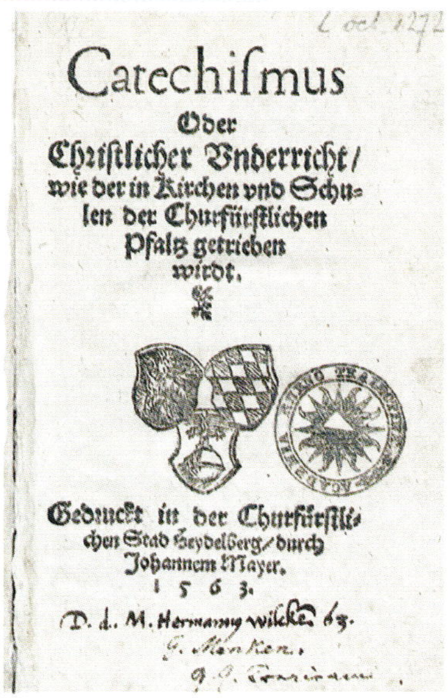

Catechismus
Oder
Christlicher Underricht/
wie der in Kirchen vnd Schulen der Churfürstlichen
Pfaltz getrieben
wirdt.

Gedruckt in der Churfürstlichen Stad Heydelberg/ durch
Johannem Mayer.
1 5 6 3.

Seit den Tagen der Reformation ist die Bildung ein zentrales Merkmal der evangelischen Kirchen. Martin Luthers Protest gegen die katholische Kirche seiner Zeit begann im akademischen Milieu und wäre ohne die Universität Wittenberg nicht denkbar. Durch die Bildungsreformen Philipp Melanchthons prägte die reformatorische Bewegung ganz entscheidend die Entwicklung des Schulwesens und der Universität in Deutschland: Der Protestantismus wurde zu einer Bildungsmacht. Selbst der schwarze Talar des evangelischen Pfarrers bildet diese Tradition des Protestantismus ab: Er ist das Gelehrtengewand der mittelalterlichen Universität.

Ab dem 18. Jahrhundert galt es sogar als ausgemacht, dass das protestantische Deutschland gegenüber dem Katholizismus einen Bildungsvorsprung aufweise. So heißt es in einem 1772 veröffentlichten Traktat mit dem Titel „Der Protestanten Freyheit zu denken und Mittel sich zu unterrichten“: „Die größte Sorgfalt wenden sie auf ihre Schulen. Ihre Lehrer lehren ihre Leute denken, alles selbst erforschen und selbst beurtheilen. Tausend Erfindungen haben daher ihren Ursprung. Alle Bücher … dürfen sie lesen: dadurch werden ihre Kenntnisse ungemein erweitert.“

Schulbildung für alle

Die Reformation setzte bei ihren Anhängern ein gewisses Maß an Bildung voraus. Die Betonung der eigenen Entscheidung in Glaubensfragen und die Wertschätzung der Heiligen Schrift ließen von Anfang an Schule und Unterricht für alle notwendig erscheinen.

> Sollte nicht billig ein jeglicher Christenmensch bei seinen **neun oder zehn Jahren** wissen das ganze heilige **Evangelium**, da sein Namen und Leben drinsteht?
>
> Martin Luther, „An den christlichen Adel deutscher Nation von des christlichen Standes Besserung", 1520

Deshalb forderte Luther schon in einem frühen Stadium der Reformation die Errichtung von Schulen für alle im ganzen deutschen Reich. In seiner 1524 erschienen Flugschrift „An die Ratsherren aller Städte deutschen Landes, dass sie christliche Schulen aufrichten und halten sollen" begründete er dies damit, dass viele Eltern nicht in der Lage seien, ihre Kinder zu erziehen und zu bilden. In seinem Appell an die Obrigkeit warnte er vor den Folgen von Unbildung und mangelnder Erziehung: Diese wirkten, so Luther, wie Gift und Krankheit auf unsere Kinder und führten zum Verderben unserer Städte, denen es dann wie Sodom und Gomorrha erginge.

Gute Bildung und Erziehung waren für Luther wie ein kostbarer Schatz, den es zu hüten und bewahren galt: „Nun liegt einer Stadt Gedeihen nicht allein darin, dass man große Schätze sammelt, feste Mauern, schöne Häuser, viel Geschütze und Harnisch zustande bringe ...; sondern das ist einer Stadt bestes und allerreichstes Gedeihen, Heil und Kraft, dass sie viel feine, gelehrte, vernünftige, ehrbare, wohlerzogene Bürger hat." Ausdrücklich plädierte er auch für eine Schulpflicht für Mädchen.

Viel zu lang sei Deutschland ein Land der Unbildung gewesen, in „Finsternis verfault und verdorben". Luthers flammender Aufruf zur Errichtung von allgemeinen Schulen endete mit der Feststellung: „Wir sind allzulange genug ‚deutsche Bestien' gewesen."

> Und wollte Gott, eine jegliche Stadt hätte auch eine **Mädchenschule**, darinnen **täglich** die Mägdlein ... das **Evangelium** hören, es wäre deutsch oder lateinisch.
>
> Martin Luther

Die Beiträge Philipp Melanchthons für die Bildung der einfachen Bevölkerung und das Universitätsstudium waren geradezu revolutionär. Melanchthon-Darstellung auf dem Lutherdenkmal in Worms von 1868

Wähle dir vom Besten das Beste aus, und zwar, was zur Kenntnis der Natur und zur Bildung des Charakters beiträgt.

Philipp Melanchthon

Und in seiner später erschienenen „Predigt, dass man Kinder zur Schule halten solle" kritisierte Luther drastisch die Eltern, die ihren Kinder aus Geiz Bildung vorenthalten, weil sie nur an ihren eigenen Bauch denken und „gleich wie eine Sau mit der Nase immer im Kot wühlen".

Besonderen Einfluss im Bereich der religiösen Bildung und Erziehung erlangte Luther neben seiner Bibelübersetzung (1522–1534) durch die Abfassung des Kleinen Katechismus (1528). Zusammen mit dem reformierten Heidelberger Katechismus von 1563 gehört er zu den weltweit am meisten verbreiteten Glaubenszeugnissen des Protestantismus. Hierzu zählen sicher auch die zahlreichen Kirchenlieder, die Luther bis zu seinem Tode verfasst hat und von denen viele einen lehrhaften Charakter haben.

Kirche und Schule sind füreinander da

Philipp Melanchthon, der engste Mitarbeiter Luthers, hat in seinem Werk ein umfangreiches Reformprogramm für Schulen und Universitäten vorgelegt. Seine Vorschläge haben das Bildungswesen in Deutschland nachhaltig geprägt. Deshalb erhielt er noch zu Lebzeiten den lateinischen Ehrentitel *Praeceptor Germaniae* (zu Deutsch: „Erster Lehrer Deutschlands").

Bereits in seiner Antrittsvorlesung an der Universität Wittenberg im Jahre 1518 hatte Melanchthon eine grundlegende Erneuerung des Universitätsstudiums gefordert. Er plädierte in der Bildung für ein – erstaunlich modern anmutendes – Konzept der Ganzheitlichkeit: So sehr er die Sprachen und die antiken Schriftsteller schätzte, trat er doch auch für die Vermittlung von Naturwissenschaften und Geschichte ein. Rhetorik und Dichtung sollten genauso wie Musik und Astronomie zum Unterrichtsstoff gehören.

Melanchthon wollte möglichst gute Bildung für möglichst viele Menschen, dabei sollte allen Kindern – Mädchen wie Jungen – möglichst früh der Zugang zur Schule eröffnet werden: eine für die damalige Zeit geradezu revolutionäre Forderung. Beinahe alle Wissensgebiete seiner Epoche hat er in Lehr- und Schulbüchern aufgearbeitet, die in den folgenden Jahrhunderten eine sehr große Wirkungsgeschichte im deutschen Schulwesen entfalten sollten. Viele Generationen von Schülern und Lehrern profitierten so vom didaktischen und pädagogischen Sachverstand des Wittenberger Reformators.

In seiner Schrift „Über die Verbindung der Schulen mit dem Dienst des Evangeliums" (1543) forderte er die Erziehung des Volkes aus religiösen Gründen und billigte dem Staat ausdrücklich das Recht dafür zu. Dementsprechend wurde in vielen evangelisch gewordenen Territorien die Einrichtung von Schulen forciert. So sah etwa die württembergische Kirchenordnung von 1559 vor, dass in allen Dörfern und Städten des Herzogtums Württemberg Schulen errichtet werden sollten. In der Reformation gründete der Aufbau eines umfassenden staatlichen Schulwesens in Deutschland.

Auff den **Dörffern** / sol der Pastor oder Custer sampt ihren Frawen auch **Schul halten** / und etliche Knaben und Mägdlein im Catechismo / im Gebete / im Lesen / Schreiben und Nehen unterweisen / Damit die Junge Leute daselbst nicht auffwachsen / wie das **unvernünfftige Vieh**

aus der Revidierten Kirchenordnung für das Herzogtum Mecklenburg, Lüneburg 1602

Campus der Harvard University in Cambridge/Massachusetts. Das ursprüngliche Harvard College war eine Gründung puritanischer Immigranten aus England und zunächst streng religiös ausgerichtet

Die Bildungsoffensive des Calvinismus

„Sei einer calvinisch, so würde er für gelehrt gehalten, und sei er der größte Narr“ – dieser beißend-ironische Kommentar über die nur angebliche Bildung der Calvinisten stammte von einem holsteinischen Lutheraner aus dem Jahre 1571. Er ist zugleich Ausdruck dafür, dass im sogenannten Konfessionellen Zeitalter Bildung auch ein Stück Macht war, um das teils erbittert gerungen wurde. Die aus der Reformation Calvins in Genf hervorgegangenen Kirchen sollten sich als besondere Meister im Kampf um die Bildungshoheit erweisen.

Dem Calvinismus gelang es innerhalb weniger Jahrzehnte, ein Bildungssystem in Europa zu etablieren, dessen Ausläufer bis nach Nordamerika reichten und in der Gründung des weltberühmten Harvard-College 1636 in Massachusetts und der späteren Yale University in Connecticut ihren Höhepunkt fanden.

Dem reformierten oder calvinistischen Flügel des Protestantismus war sehr bald klar geworden, dass er die Nachteile, die er in politischer und sozialer Hinsicht in Europa hatte, nur durch extensive Bildung auf Basis eines gut ausgebauten Schulsystems ausgleichen konnte. Die Calvinisten schufen in Europa ein ganzes Netz von reformierten Akademien und Hohen Schulen. Ausgehend von der berühmten, noch von Johannes Calvin und seinem Schüler Theodor Beza 1559 gegründeten Akademie in Genf entstanden entsprechende Institute in Schottland, Siebenbürgen und Nordamerika. In Frankreich gehörten die reformierten Akademien in Montauban, Montpellier, Saumur und Sedan zu den besten

Bildungseinrichtungen des Landes. Am Oberrhein wurde die Universität Basel als reformiertes Zentrum wichtig, und ab 1559 entwickelte sich die Universität Heidelberg zu einer Art europäischer Denkfabrik des Calvinismus. Hier entstand 1563 mit dem Heidelberger Katechismus das bis heute bedeutendste Lehr- und Glaubensbuch der reformierten Kirche. Andere wichtige reformierte Bildungseinrichtungen gab es in Neustadt an der Weinstraße und in Bremen; in den niederländischen Städten Leiden, Gent, Deventer und Breda entstanden theologische Akademien der reformierten Kirche.

Mit einem rechtlichen Problem hatten die meisten dieser protestantischen Universitäten und Akademien zu kämpfen: Der römisch-katholische Kaiser tat sich schwer, ihnen die erforderlichen Privilegien für den Universitätsbetrieb zu erteilen.

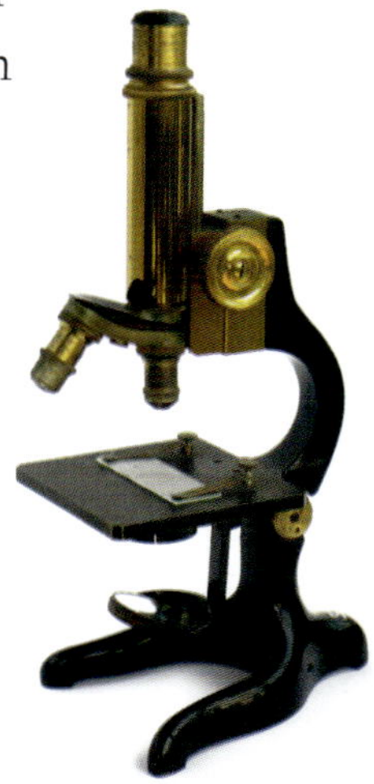

Das genaue Hinsehen und der große Überblick waren der alten Kirche stets ein Dorn im Auge gewesen

Eine neue Sicht auf Welt und Kosmos

Es war kein Zufall, dass die führenden Astronomen und Kosmographen im 16. und 17. Jahrhundert Protestanten waren. Denn die damalige katholische Kirche wehrte sich mit allen Mitteln gegen neue naturwissenschaftliche Erkenntnisse. Am bekanntesten ist sicherlich das Verfahren der Inquisition gegen den Astronomen Galileo Galilei, der gezwungen wurde, seiner Lehre von der Erdbewegung 1633 abzuschwören, und der lebenslang unter Hausarrest gestellt wurde.

> Protestantischen Wissenschaftlern war es möglich, weitgehend frei zu forschen und zu publizieren

Demgegenüber war es protestantischen Wissenschaftlern möglich, weitgehend frei zu forschen und ihre Ergebnisse zu publizieren. Der Astrologe und Astronom Johannes Kepler (1571–1630) durchlief in seiner württembergischen Heimat eine klassisch-protestantische Ausbildung am Evangelischen Seminar in Maulbronn und am Tübinger Stift. Im Anschluss an Kopernikus vertrat auch er das heliozentrische Weltbild – dass die Sonne und nicht die Erde der Mittelpunkt des Universums sei –, weshalb er mehrfach aus katholischen Orten fliehen musste, weil er dort nicht mehr sicher war. Ein Angebot des katholischen Kaisers Rudolf, für ihn als Astronom tätig zu sein, lehnte er ab, weil er dann zum Katholizismus hätte übertreten müssen.

Seit Generationen ist die Einschulung ein großer Tag im Leben aller Kinder – kaum noch vorstellbar, dass es nicht immer so war

Zu den wichtigsten Kartographen zählte im 17. Jahrhundert Matthäus Merian d. Ä., der Kupferstiche und Karten von fast allen bedeutenden Orten in Europa anfertigte. Gerhard Mercator stellte die ersten modernen Landkarten und Atlanten her; besonders berühmt wurde er durch seine Weltkarte und die nach ihm benannte „Mercator-Projektion", die noch heute für die Geografie von Bedeutung ist.

Von der Natur lernen: der Reformpädagoge Comenius

Einer der bedeutendsten Pädagogen der Frühen Neuzeit war der aus den Kreisen der evangelischen „Böhmischen Brüder" stammende Universalgelehrte Johann Amos Comenius (1592–1670). Sein pädagogisches Konzept beruht auf der Gottesebenbildlichkeit des Menschen, dessen Seligkeit Ziel aller Bildung und Erziehung sei. Zu seinen berühmtesten Lehrbüchern zählen der „Orbis pictus" und die „Magna didactica".

Wichtig war ihm vor allem das Lernen an und mit der Natur anstelle eines puren Auswendiglernens. Viele seiner pädagogischen Reformideen beeinflussten das Schulsystem in Deutschland nachhaltig, so etwa der Vorrang der Muttersprache im Unterricht (bis dahin wurde Latein als wichtigerer erachtet) oder die Bedeutung des Spielerischen in der Schule. Neben seiner christlichen Pädagogik hatte Comenius auch beachtliche Ideen zu einem ökumenischen Weltkonzil der Kirchen und zu einem Weltfriedensgericht, wie es heutzutage in Ansätzen etwa im Internationalen Gerichtshof von Den Haag verwirklicht ist. Seine

> Für Comenius lag das Ziel aller Bildung und Erziehung in der Seligkeit des Menschen

bildungstheoretischen Ansätze beeinflussten später Rousseau und Pestalozzi. Als Protestant musste Comenius während des Dreißigjährigen Krieges seine rekatholisierte Heimat Böhmen verlassen und starb in Amsterdam.

Bildung im Zeichen des Pietismus

Giebel des Hauptgebäudes der Franckeschen Stiftungen in Halle (Saale)

Ein Jahrhundert nach Comenius machte August Hermann Francke (1663–1727) mit seinen Stiftungen die Stadt Halle an der Saale zu einem Zentrum pietistisch geprägter Pädagogik. Ursprünglich Theologe und Professor für Griechisch und Hebräisch an der Universität Halle, baute Francke ab 1692 die nach ihm benannten Franckeschen Anstalten auf. Dazu gehörten ein Waisenhaus, ein Krankenhaus, eine Druckerei, eine Bibliothek, eine Apotheke und die weltberühmt gewordene Bibelanstalt sowie ein ganzes System von Schulen: Bürger-, Armen- und Waisenhausschulen, eine Lateinschule sowie ein „Seminarium praeceptorium", eine Ausbildungsstätte für Lehrer.

Der Unterricht an diesen Schulen war für die damalige Zeit sehr modern. Besonders betont wurden die „Realien", um den Unterricht anschaulicher zu machen. Aus diesem Grunde errichtete Francke in Halle die erste Schulsternwarte Deutschlands, eine Lehrmittelsammlung und einen Botanischen Garten. Außerdem erhielten die Schüler Werkunterricht, was ebenfalls eine Neuerung darstellte. Der Erziehungsstil in den Franckeschen Schulen war sehr streng und wurde teilweise von den militärischen Kadettenanstalten des Königreichs Preußen übernommen.

> Eine Besonderheit in den Francke-Schulen war der Unterricht mit „Realien"

Franckes Einfluss ist es zu verdanken, dass 1717 durch ein Regulativ des Preußenkönigs Friedrich Wilhelms II. die allgemeine Schulpflicht eingeführt wurde. In Württemberg gabe es schon gemäß der großen Kirchenordnung von 1559 eine Schulpflicht für Knaben. Das erste Gebiet mit gesetzlicher allgemeiner Schulpflicht für Knaben und Mädchen war das kleine reformierte Herzogtum Pfalz-Zweibrücken 1592.

Das evangelische Pfarrhaus als Ort der Bildung

Neben den Universitäts- und Schulgründungen, die durch den Protestantismus entstanden sind, ist ein Ort der Bildung und Erziehung aufgrund seiner Einmaligkeit besonders hervorzuheben: das mit Martin Luther und seiner Frau Katharina von Bora entstandene evangelische Pfarrhaus.

Früher war die Pfarrhausbibliothek nicht selten die einzige im weiten Umkreis

Über Jahrhunderte hinweg galt es als Träger der protestantischen Kultur, als geistliches und künstlerisches Kraftfeld. Eine große Anzahl berühmter Persönlichkeiten aus Forschung, Lehre, Kultur und Politik sind durch ein evangelisches Pfarrhaus geprägt worden: die Dichter Lessing und Claudius, der Theologe Friedrich Schleiermacher, der „Turnvater" Friedrich Ludwig Jahn, der Zoologe Alfred Brehm, der Philosoph Nietzsche, der Maler Vincent van Gogh und der Filmemacher Ingmar Bergman, aus neuerer Zeit Angela Merkel.

Pfarrhäuser waren stets eine Art „kultureller Leuchtturm": Oft war die Bibliothek des Pfarrhauses die einzige im ganzen Dorf und eine von wenigen in kleineren Städten. Die Bibliotheken der Pfarrhäuser waren berühmt, sie wurden nach der Pensionierung des Pfarrers oft an den Nachfolger weitervererbt und ständig ergänzt.

Viele Pfarrer gingen ihren musischen Neigungen nach oder betrieben theologische Forschungen, viele Arbeiten zur lokalen und regionalen Kirchengeschichte sind in Pfarrhäusern entstanden. Literatur spielte im Pfarrhaus immer eine wichtige Rolle, die protestantischen Pfarrerskinder wuchsen in einer Welt auf, die seit der Reformation entscheidend vom Wort geprägt war.

> Das evangelische Pfarrhaus galt über Jahrhunderte hinweg als „kultureller Leuchtturm"

Seit dem 18. Jahrhundert war es durchaus üblich, dass in Pfarrhäusern bereits vierjährige Kinder von ihrem Vater in Lesen und Schreiben unterrichtet wurden. Mit sechs Jahren kam dann der Unterricht in Latein, später in Griechisch und Hebräisch dazu.

Das protestantische Pfarrhaus war auch häufig Gegenstand der Literatur. In England entstand seit dem Roman von Oliver Goldsmith „Der Pfarrer von Wakefield" (1766) ein ganzes Genre von Pfarrhaus-Romanen. Das erste deutsche Buch, das sich in Form eines Vers-Epos mit einem evangelischen Pfarrhaus beschäftigte, war 1795 „Luise" von Johann Heinrich Voß, es wurde später sogar verpflichtende Schullektüre. Auch in Theodor Fontanes Romanen „Effi Briest" und der „Der Stechlin" spielen Pfarrhäuser eine Rolle.

Das Pfarrhaus von Cleversulzbach in einer Aufnahme von 1910. Hier war der Dichter Eduard Mörike 1834–1843 als Pfarrer tätig

Einen besonderen Akzent setzten schließlich die evangelischen Pfarrhäuser in der DDR. Sie gehörten zu den wenigen Orten, an denen so etwas wie eine Debattenkultur überhaupt möglich war. Das Pfarrhaus wurde zu einem Sinnbild für eine bürgerliche Kultur und Bildung, die in der übrigen DDR-Gesellschaft als überwunden galt. Hier fand man oft Bücher und Musik, die verboten waren, hier trafen sich Friedens- und Umweltgruppen, die Gründung der DDR-SPD fand zum Beispiel Anfang Oktober 1989 in einem evangelischen Pfarrhaus im brandenburgischen Schwante statt. Markus Meckel, letzter DDR-Außenminister und selbst evangelischer Pfarrer, nannte die Pfarrhäuser in der DDR „eine Schule der Demokratie und des aufrechten Gangs".

Natürlich ist das Pfarrhaus dem allgemeinen historischen Wandel unterworfen und hat als prägender Ort der Bildung in den letzten Jahrzehnten an Bedeutung verloren. Der klassischen Pfarrfamilie sind Single-Haushalte, Patchwork-Familien und Kommunitäten an die Seite getreten; Diskussionen über das Rollenverständnis evangelischer Geistlicher oder über Residenzpflichten zeigen, wie sehr auch eine Institution wie das Pfarrhaus sozialen Veränderungen unterworfen ist. Ob das Pfarrhaus die Zukunft des Protestantismus mitgestalten wird, hängt sicherlich auch davon ab, ob es sich den Herausforderungen einer bunter, individueller und älter werdenden Gesellschaft zu stellen vermag.

Die Pfarrhäuser der DDR erwiesen sich als „eine Schule der Demokratie und des aufrechten Gangs"

Zeittafel

1483 Am 10. November wird Martin Luder in Eisleben geboren. Die Schreibweise „Luther" legte er sich um 1512 zu – eine Anspielung auf die befreiende Kraft des Glaubens, die er erfahren hatte: griechisch *eleutherios*, „der Freie"

1486 Beginn der Herrschaft von Friedrich dem Weisen über das Kurfürstentum Sachsen. Der tiefgläubige Herrscher, der eine der umfangreichsten Reliquiensammlungen seiner Zeit besaß, wurde Luthers wichtigster Schutzherr

1505 Eintritt Luthers in das Erfurter Kloster der Augustiner-Eremiten

1512 Luther wird zum Doktor der Theologie promoviert und übernimmt den Lehrstuhl für Bibelauslegung an der Universität Wittenberg

1513 Beginn des Pontifikats von Papst Leo X., dem Förderer des Ablasshandels

1516 Erste Druckausgabe des griechischen Neuen Testaments durch Erasmus von Rotterdam

1517 31. Oktober: Beginn der Verbreitung von Luthers 95 Thesen gegen den Ablasshandel

1518 Heidelberger Disputation. Unter den Zuhörern gewinnt Luther Anhänger wie den späteren elsässischen Reformator Martin Bucer und den württembergischen Reformator Johannes Brenz

1519 Leipziger Disputation, bei der Luther einige Thesen des als Ketzer verbrannten Jan Hus verteidigt und die wesentlichen Unterschiede zwischen katholischer und reformatorischer Lehre deutlich zutage treten

15. Juni: Verabschiedung der päpstlichen Bannandrohungsbulle als Antwort auf die 95 Thesen. Beginn der Freundschaft zwischen Luther und dem Hofmaler und Wittenberger Großunternehmer Lucas Cranach d. Ä. Höhepunkt von Luthers reformatorischer Publizistik, darunter: „Von der Freiheit eines Christenmenschen", „An den christlichen Adel Deutscher Nation", „Von der babylonischen Gefangenschaft der Kirche". 10. Dezember: Luther verbrennt die Bannandrohungsbulle vor dem Wittenberger Elstertor 1520

3. Januar: Endgültige Verhängung des Banns über Luther. Vorladung vor den Reichstag in Worms. 17./18. April: Luther verteidigt seine Schriften und verweigert den geforderten Widerruf. Auf der Rückreise Entführung auf die Wartburg. 26. Mai: Im Wormser Edikt verhängt Kaiser Karl V. die Reichsacht über Luther und seine Anhänger. Luther als Junker Jörg auf der Wartburg, Übersetzung des Neuen Testaments 1521

Wittenberger Bildersturm und Rückkehr Luthers. Beginn der Übersetzung des Alten Testaments. In Zürich leitet Ulrich Zwingli, seit 1519 Leutpriester am Großmünster, die Reformation ein, die sich in den Folgejahren in großen Teilen vor allem der deutschsprachigen Schweiz ausbreitet 1522

Beginn von Luthers Liedschaffen. An der Wittenberger Universität führt Melanchthon eine Studienreform durch, die die klassisch-humanistische Bildung der Studenten fördert 1523

Bauernaufstände in Süddeutschland und Thüringen. Erscheinungsjahr des „Achtliederbuchs" von Martin Luther und des „Geistlichen Chorgesangbüchleins" von Johann Walter 1524

1525 Vernichtende Niederlage der Bauernheere in der Schlacht von Frankenhausen, Gefangennahme und Hinrichtung von Thomas Müntzer

1526 Erste Visitationen und Aufbau eines evangelischen Kirchenwesens in Sachsen, später auch in Hessen

1529 2. Reichstag zu Speyer: Fünf Fürsten und 14 Freie Reichsstädte protestieren gegen die Ächtung Luthers und verlangen die ungehinderte Ausübung des evangelischen Glaubens. Geburtsstunde des „Protestantismus"

1530 Reichstag zu Augsburg, Verlesung des Augsburger Bekenntnisses und seine Zurückweisung durch Kaiser Karl V.

1531 Gründung des Schmalkaldischen Bundes, eines Verteidigungsbündnisses der protestantischen Landstände gegen die Religionspolitik von Kaiser Karl V.

1534 Erste Ausgabe einer vollständigen Lutherbibel

1541 Vollendung der Reformation in Genf durch Johannes Calvin mit Auswirkungen auf Europa und Nordamerika

1546 18. Februar: Tod Luthers in Eisleben. 22. Februar: Beisetzung in der Schlosskirche zu Wittenberg

1547 Zerschlagung des Schmalkaldischen Bundes nach der Schlacht bei Mühlberg

1555 25. September: Augsburger Religionsfrieden. Gleichstellung der lutherischen Protestanten und der Katholiken durch die kaiserliche Anerkennung des Augsburger Bekenntnisses. Die Gleichstellung der reformierten Protestanten erfolgt erst im Westfälischen Frieden 1648

Autorinnen und Autoren

Joachim Kummer, Dr. theol., geboren 1969, Studium der evangelischen Theologie in Tübingen und Erlangen, geschäftsführender Pfarrer in Giengen an der Brenz seit 2011

Christiane Kohler-Weiß, geboren 1963, Studium der Germanistik und der evangelischen Theologie, Promotion in evangelischer Ethik 2003; bis 2013 Gemeindepfarrerin, seit 2014 Landeskirchliche Beauftragte für das Reformationsjubiläum in Württemberg

Markus Engelhardt, geboren 1961, Studium der evangelischen Theologie in Heidelberg, Bern, Erlangen und Tübingen.1997–2007 Gemeindepfarrer in Konstanz, seither Dekan der Evangelischen Kirche in Freiburg i. Breisgau

Veronika Bremer, geboren 1962, studierte Kunstgeschichte und Germanistik und ist freiberuflich für verschiedene Verlage tätig

Ernst-Dietrich Egerer, geboren 1961, studierte evangelische Theologie und ist seit 2001 Gemeindepfarrer in Maulbronn; Autor von Liedkommentaren, Lehrbeauftragter für Hymnologie und Liturgik im Rahmen der Vikarsausbildung

Dr. Ulrich Bayer, geboren 1962, Studium der Geschichte und der evangelischen Theologie in Tübingen, Wien und Heidelberg; seit 2002 Gemeindepfarrer in Freiburg, seit 2008 Lehrbeauftragter für Kirchengeschichte an der Evangelischen Hochschule Freiburg

Textnachweis

Bildnachweis

Titel links oben: © Václav Mach/Fotolia.com; **links Mitte:** Lutherdenkmal Wittenberg, © ArTo; **links unten:** © Paul Marx/pixelio; **rechts Mitte:** © iStockphoto.com/hannahgleg; **rechts unten:** © Aleksey Stemmer/Fotolia.com; **Seite 2:** © iStockphoto.com/hsvrs; **Seite 4:** Lutherdenkmal Eisleben, © nhermann/Fotolia.com; **Seite 6:** © panthermedia.net/Gerhard Busch; **Seite 8:** © Volker Z/Fotolia.com; **Seite 10:** © panthermedia.net/Igor Banaszczyk; **Seite 13:** © Christoph Fiolka/Fotolia.com; **Seite 14:** © iStockphoto.com/Avalon_Studio; **Seite 15 oben:** © iStockphoto.com/Christopher Futcher; **Seite 15 unten:** © Gerhard Reus/Fotolia.com; **Seite 16:** © akg-images; **Seite 18:** © akg-images/MPortfolio/Electa; **Seite 19:** © JPC-PROD/Fotolia.com; **Seite 20:** © akg-images; **Seite 21:** © panthermedia.net/Christa Eder; **Seite 22 oben:** © Jürgen Fälchle/Fotolia.com; **Seite 22 unten:** © akg-images; **Seite 23:** © Torsten Lorenz/Fotolia.com; **Seite 24:** © Jenny Sturm/Fotolia.com; **Seite 25:** © Alexander Raths/Fotolia.com; **Seite 26:** © iStockphoto.com/middelveld; **Seite 27:** © ehrenberg-bilder/Fotolia.com; **Seite 28:** © Gerhard Giebener/pixelio; **Seite 30:** © Rawpixel/Fotolia.com; **Seite 31:** © akg-images; **Seite 32:** © Andrey Burmakin/Fotolia.com; **Seite 33:** © lassedesignen/Fotolia.com; **Seite 34:** © Dietmar Silber/pixelio; **Seite 35:** Hamburger Michel (Turm von St. Michaelis), © minzpeter/Fotolia.com; **Seite 36:** © Günter Menzl/Fotolia.com; **Seite 38:** © K. Dittmann/pixelio; **Seite 39:** © Oksana Kuzmina/Fotolia.com; **Seite 40:** Foto: Andreas Weise, factum Stuttgart/© Ev. Kirchengemeinde Ulm-Jungingen; **Seite 42, 43, 45, 47 und 48:** © akg-images; **Seite 49 unten:** © bpk/CNAC-MNAM; **Seite 51:** © Deyan Georgiev/Fotolia.com; **Seite 52:** © panthermedia.net/joruba; **Seite 55:** © bpk/Museum der bildenden Künste, Leipzig; **Seite 56:** Lutherdenkmal Wittenberg, © panthermedia.net/Steffen Eichner; **Seite 57 und 58:** © akg-images; **Seite 60:** © Stefan Redel/Fotolia.com; **Seite 61 links:** © MarFot/Fotolia.com; **Seite 63:** © highwaystarz/Fotolia.com; **Seite 64 und 66 oben:** © eyetronic/Fotolia.com; **Seite 68:** © panthermedia.net/Gerald Kiefer; **Seite 70 oben:** © iStockphoto.com/janniswerner; **Seite 70 unten:** © vetrofragile79/Fotolia.com; **Seite 71:** © 18042011/Fotolia.com; **Seite 72:** © unbekannt/pixelio; **Seite 73:** Jan Hauke/Wikimedia Commons/CC BY-SA 3.0; **Seite 74:** © sinuswelle/Fotolia.com; **Seite 75:** © akg-images

www.agentur-rauhes-haus.de

Satz und Gestaltung: Anne Kuhn, Ludwigsburg
Printed in Germany

ISBN 978-3-7600-1702-0
Best.-Nr. 1 1702-0